地域を変える施設になる

児童発達支援
実践の教科書

どんなGENKIもうけとめる
「元気キッズグループ」代表
中村敏也

かざひの文庫

はじめに

あなたは、「児童発達支援」にどんなイメージをお持ちですか？

人それぞれ、さまざまな印象があるでしょう。


わたしはもともと保育園を運営していたのですが、近年は課題感のある子どもたちが増えてきて、保育園だけでの支援が難しくなっていきました。

そこで、自分たちでその子どもたちを、しっかり責任を持って支援していきたいと思い、平成27年から児童発達支援事業を始めたのです。


平成26年12月に、わたしがはじめて児童発達支援事業所を開所するときに告知のチラシを地域に配ったところ、すぐに保護者がチラシをにぎりしめて相談に来て、

「クリスマスプレゼントだと思いました」

と泣きながら感謝の言葉をいただいたこともありました。

じっとしていられない子を連れていては、お買い物も自由に行けません。

電車に乗ると、まわりの人から
「うるさい！　親がしっかりしなさい」

と言われてしまうことも多々あります。

課題感のある子どもたちを抱えるご家庭の生活は、それほど大変なものなのです。

そういった環境のなかで保護者は、子どもを24時間ずっと子育てし続けています。


当時、発達に課題のある子どもたちの行く場所は非常に限られていて、療育施設でさえも母子ともに通所するものがメイン。保護者の休める時間はありませんでした。

そんな状況にいる保護者に、少しでも「休んでいいよ」と言えるように、わたしたちは母子分離型の療育施設を立ち上げました。

子どもを預けている間に余暇ができるので、保護者は、お昼寝をしたり、ランチ会に行ったり、映画を観ても美容院に行っても、買い物をしてもかまいません。

子どもの発達には、無条件に安心していられる場所、「安心・安全の保障」が必要不可欠です。余暇で生まれる保護者の「心の安定」によって、家庭が安心安全の基地となり、子どもにもいい影響を与えてくれます。

「課題感のある子どもたちをしっかり見る場所をつくらなければいけない」と思い、事業所の立ち上げに至りましたが、結果的に、子どもたちだけでなく、保護者やご家庭を支えることにもつながったのです。

保育園や幼稚園のなかでも、課題感のある子どもはかならずいます。子どもたちが適切なサポートを受けられるように、保育園や幼稚園では療育施設をすすめるのですが、保護者からは

「うちの子を障がい児のように言うな」

とお叱りを受けてしまうことも少なくありません。

そのため、わたしたち元気キッズでは、ほかの療育施設を紹介するのではなく、自分たちで療育を行う必要性を感じてきました。

児童発達支援事業所を開所したときに、保護者が泣きながらチラシを持ってきてくださった出来事は、いまでも何度も思い出されます。本当に、胸が震える想いでした。

わたしたち元気キッズは、「社会を優しくするため」という根底にある想いを大切に、日々

児童発達支援事業を行っています。

そのためにも、地域に支援の輪を広げていこうと、埼玉県の新座市と朝霞市に毎年福祉事業所を増やしており、現在は、さまざまな形態の26事業所を展開しています。

それでも依然として、課題感のあるお子さんとそのご家庭にとっては、大変な社会です。

わたしたちは、児童発達支援事業所だけでなく、保育所等訪問支援事業を通じて、子どもたちが実際に通っている幼稚園や保育園、卒園したあとに通う小学校の先生たちと一緒に、療育支援や療育的配慮がなされる場所づくりもしています。

このような想いを持った事業所が増え、ひとりでも多くの人に広まることで、もっと世界は優しくなっていくでしょう。

本書を通じて、支援の輪が広がることを願っています。

ぜひ、これからの子どもたちの未来を、一緒に支えていきませんか？

２０２３年6月　中村敏也

児童発達支援　実践の教科書　目次

1章　いま、児童発達支援事業が注目されている理由

2章 なぜ、児童発達支援事業はうまくいかないのか?

3章　療育の質を高めるために

4章　児童発達支援は人ありき

5章 療育のプロが育つマネジメント

6章 施設の稼働率を最大にするには?

7章 児童発達支援の現場でつまずきやすいことQ&A

巻末付録

1章

いま、児童発達支援事業が注目されている理由

児童発達支援施設を開所する素晴らしさ

児童発達支援施設が増えるといろいろな選択肢も増える

いま、世の中では、児童発達支援事業に注目が集まっています。

少子化が加速度的に進み、競争が激しくなっている保育園や幼稚園にとって、療育も行えるようになることは、「お子さんにしっかり対応できます」という強みにもなります。

また、児童発達支援施設の立場からすると、障がいのある子が障がいのない子と同じ場で学ぶ環境（インクルーシブ）のある保育園・幼稚園はまだまだ少ないもの。療育施設から集団の場所へ移行を支援したくても、受け入れてもらうことが難しいケースも多いため、しっかりとした「保育」と「療育」を提供できる施設は、とてもありがたい存在です。

課題感のある子や、その保護者の「居場所」になれるコミュニティがたくさんできることは、社会全体の生きやすさにもつながっていくはずです。

発達の特性にかかわらず、生きやすい「優しい社会」をつくる

たとえば、わたしたち健常者がいまから東京タワーに行くとします。

時間をかければ歩いて行くこともできますし、走ることもできるかもしれません。

速く行くのであれば、自転車、バイク、自動車、バス、電車などを使うことも可能です。

また、ひとりで行くか、誰かと一緒かというような、さまざまな選択肢を持つことができるでしょう。

ところが、発達の凸凹度合いの高い人は、ヘルパーや家族にお願いしなければ出かけることができません。

このように選択肢の幅が狭いことを、「障がい度合いが高い」とも言えるでしょう。

児童発達支援施設が開設され、支援が増えていくと、課題感がある子にも選択肢の幅を増やすことができ、それが、「社会が優しくなっていくこと」につながっていくのです。

ですから、少子化が進むなかでも、児童発達支援施設のニーズはまだまだ増えていくはずです。

課題感のある人と健常者の違い

課題感のある人

・選択肢が少ない
・誰かのサポートが必要
・依存度が高い（線が太い）

→自由度が低い

健常者

・選択肢がたくさんある
・依存度は低い（線が細い）

→自由度が高い

課題のある子やご家庭を支援したい個人や法人が増えている

社会的な注目が高まっている

児童発達支援事業は、社会的に注目されており、「どうにかしてあげたい」という強い想いのある法人が、年々増えています。でも、そういった法人をサポートしていると、「どうやって、障がいのある子と障がいのない子が同じ場で学ぶ教育（インクルーシブ）を実現させたらいいのか、わからない」という声もよく耳にします。

保育園や幼稚園の先生たちのなかにも、児童発達支援について、現状をどうにか変えたいと課題感を持っている人が大勢いるのです。

保育現場で子どもたちを間近で見ていると、保育の限界をより強く感じるのでしょう。それほど、児童発達支援事業所は、保育現場からも、強く求められているものなのです。

「療育」の理解を深めていく

世間の「療育」へのイメージを変える

児童発達支援を始める前は、

「療育施設に行けば、子どもたちはいろいろなことができるようになる」

と保育の悩みを解消できる魔法のようなイメージを抱いていました。


ところが、お子さんのためにと思って療育をすすめても、

「うちの子を、障がい児のように言うな！」

と保護者からお叱りを受けてしまうことも少なくありませんでした。

さらに、当時は療育施設がほとんど存在しておらず、やっと通えるところが見つかっても
1年待ちということも…。

利用するには、あまりにも理想と現実がかけ離れている状況に愕然としました。

そこで元気キッズでは

「自分たちで責任を持ってお子さんを預かれる場所をつくっていこう」

と決意して、いまに至ります。

療育を必要としている子どもたちは増えているのに、世間でも、保育現場でも、まだ理解が進んでいないのが実情です。

ぜひ、療育について正しく理解を深めながら、一緒にその子にとって一番合った環境を整えていきましょう。

子どもの支援には、保護者の支援が不可欠

支援は「保護者の立場」を理解することから始まる

母子分離で行う保育型の療育施設をつくってみて、はじめて気づいたことがありました。それは、「保護者の心の安定につながるコミュニティがなかった」ということです。

いまの世の中は、発達に課題のある子どもを育てるご家庭に対して、優しいとはとても言えません。社会だけでなく、近しい親族からも理解を得られず、「保護者の育て方がいけない。しっかりしなさい」と言われてしまうことも…。

またその一方で、課題感のない子を持つママ友から「大丈夫だよ」と軽く言われてしまうことに対して、

「人の気持ちなんてわからないでしょ！」

と傷ついているケースも多々あります。

保護者には「安心できる場」と「自由な時間」が必要

元気キッズが療育を始めた頃は、まだ母子分離型の療育施設が少ないうえに、保育園のように毎日通うという環境をつくることも難しい状況でした。

でも、毎日きちんと身支度して子どもを連れていくところがあると、幼稚園や保育園に通う感覚と同じ気持ちになれるため、保護者たちにとって大きな救いになったのです。


また、通うところがあると、保護者同士のコミュニティも生まれます。

児童発達支援事業所は、同じように課題を抱えたご家庭が集まるので、発達に心配のないママ友とは話せない、「子どものできないこと自慢」などを共有し、相談できる場になりました。

たとえば、

「うちの息子は、トイレの水がとにかく好きでビチャビチャになってしまって…」

「うちの子も同じです！」

と話すことで、深く悩んでいたことでも、「うちの子だけではなかった…」と心が軽くなるもの。

こうして生まれる「保護者の心の安定」が、子どもが健やかに成長するためにはとても重要なのです。

子どもにも、保護者にも、必要な支援を届ける

最初はわたしたちも手探りで療育をスタートしましたが、保育園運営の経験を活かして課題感のある子の居場所を確保し、できる限り保育園や幼稚園と同じようなことを行えるように、手厚い支援を心がけていきました。

その積み重ねで、保護者からは感謝の言葉ばかりいただける結果に。

だからこそ、

「これは社会的に意義のあることなのだ」

と自信と覚悟を持って、現在8施設の児童発達支援事業所などの運営を行っています。

着手する法人が出てくるのはいいが、絶対に避けたいのは、質の低い施設が増えていくこと

児童発達支援を始めたい法人が増えている

先ほども少し触れましたが、児童発達支援の法人が増えてきた背景には、少子化が進み、施設の数が充足したことで、認可保育園を増やせなくなったことがあげられます。

そのため、事業意欲の高い保育園は、新しい事業として児童発達支援に注目し始めているのです。

その理由は、

・課題感のある子どもたちが可視化されてきた
・事業として成り立ちそう

というところが大きいのではないでしょうか。

生き残りを賭けて、選ばれる保育園や幼稚園になるために、しっかりと療育支援をできるようにしていきたいと思う法人が増えています。

児童発達支援事業所も「量より質」

ただ、絶対に避けたいのは、利益のためだけに行う、質の低い児童発達支援事業所が増えていくことです。

たとえば、

・「子どもたちにこれをしてあげたい」という想いもなく、事業性だけで参入する
・ただ施設数を増やすことに先走る
・「療育」と「保育」の違いをしっかりと理解できていない

…このようなケースは、長い目で見たときに、事業として成り立たないでしょう。

児童発達支援の場が増えることはいいことですが、ただただ拡大していくような施設に、共感は生まれません。

実際、学習塾と似た感覚で展開しようとした事業所では、さまざまな問題が噴出したという例もあります。

療育は、お金儲けだけのためにはできない領域ですから、運営には、「療育施設とは何のためにあるのか」という根本を理解することが不可欠です。

せっかく子どもの成長に携わるのであれば、しっかり地域に根づいて、地域の「社会資源」であるという自覚を持って運営していきましょう。

それぞれの児童発達支援の施設が、各ご家庭にとって、地域にとって、なくてはならない存在になることを目指していきたいものですね。

子育てを地域で取り組んでいく

地域の異業種と連携をとることで「安心」が生まれる

児童発達支援事業は、地域に根づいていくことが必要不可欠です。

子育ては、その子が生活する「地域」と「家庭環境」が最重要ですから、児童発達支援事業も、地域のネットワークに積極的に参加することを求められます。

・子どもたちや保護者の居場所をつくる
・保育園での取り組みを小学校につなげていく
…このような異業種交流会（ネットワーキング）を積極的に行いましょう。

また、地域に根づいていくためには、施設が東京都・青森県・大阪府などさまざまなところに点在していてはうまくいきません。

地域と協力して、事業所同士も連携しながら子育てをする環境を整えていくことが重要なのです。

地域との連携がうまくいくことで、家庭も助けられ、施設側も連携がとりやすくなり、お互いにとって安心できるよりよい環境をつくることができます。

地域に根づかない状態で事業だけを展開してしまうと、その事業所の理念が薄くなり、言動に乖離が出て、職員も離れていってしまうでしょう。

「子育てを地域で取り組んでいく」という想いがあるかどうかで、事業所の運営も大きく変わってしまうのです。

地域に根づく児童発達支援施設を増やしていく

現在、わたしたち元気キッズでは、

・児童発達支援事業所、及び児童発達支援センター
・放課後等デイサービス
・居宅訪問型児童発達支援

・居宅訪問保育
・医療的ケア児の保育
・医療的ケア児が通える児童発達支援事業所
・相談支援事業
・小規模保育園及び認可保育園
・病中病後時保育
・学童

…といった児童発達支援施設などで、日々試行錯誤しながらサポート体制を整えています。さまざまなサービスが増えていますが、どれも地域にある課題に気づいてから「どうにか解決できないか」と模索した結果です。

このように、地域に根づいて取り組むことが、これからの子育て支援にはとても大切だと考えています。

現在は、保育園や幼稚園や小学校でも、課題感のある子どもたちに向き合う方法を知りたいと思っている人が大勢います。

そのため、事業性も含め、児童発達支援事業の注目度が高まっているのです。

課題や特性はなくなるわけではない

療育施設では、課題感のある子どもたちを手厚く支援することで、個々にできることが増えていきます。

保護者にも、

「保育園や幼稚園に行かせたい」

「支援学校ではなく、支援級に行かせたい」

「支援級ではなく、普通級に行かせたい」

という想いがあるため、わたしたちも、子どもたちが自分でできることが増えるようにアプローチして、「できるようになったよ！」と保育園や幼稚園へ登園できるように背中を押していくのです。

ところが、不安を抱えながらも新しい環境に踏み出してみると、走りまわる、ご飯を食べられなくなる、服を着脱できなくなる、他害してしまう…というように、また同じトラブルを起こしてしまうことが多々あります。

じつは、発達特性自体は、治ることはありません。

ですから、環境がその子にとって整っていない場合、問題行動が起きるのはある意味「当たり前」のことなのです。

療育は、特性を持つ子どもたちと持たない子どもたちが、平等に生活する環境を実現させるものであり、療育施設は、その子が前を向けるように声をかけたり、いろいろなノイズをはじいて環境を整えていくためにあります。

でも、保育園や幼稚園では人手が足りませんし、知識もないので、同じことをするのはとても難しいはず。

そのため、子どもは個々の特性通りに行動してしまうのです。

こういったことからも、発達に課題感のある子に対しては、一人ひとりの特性を理解した支援が必要だということがわかるのではないでしょうか。

2章

なぜ、児童発達支援事業はうまくいかないのか？

質の高い職員が集まらないと嘆く施設代表たち

想いと言動の乖離から人が辞めてしまう

施設代表を務める人たちから、

「すぐに人が辞めてしまう。質の高い職員が集まらない…」

という相談を受けることが多々あります。

原因は、事業所と働く人の想いにずれがあることです。

自分たちの療育に対して想いだけが先走り、言動と乖離してはいないでしょうか？


じつは、わたしたちも、同じ失敗をした経験があります。

保育園からスタートしたため、最初は療育のことは素人です。

その頃、わたしは保育園の園長をしていたのですが、療育やセラピストなどの職員からすると、「こんなのは療育ではない」と言われてしまいました。療育をしっかり理解している職員が入っていなかった頃は、専門家から見ると療育とは言えない状態だったのです。

しっかりとした療育プランがなく「ただ保育をして遊んでいる」と感じられるような事業所では、成長したい意欲のある職員が辞めていってしまう場合もあります。

「できる人」に任せきりにしていませんか？

療育の職員が集まらない、すぐ辞めてしまうという悩みがあるなら、療育の柱となる考えや、論理的な思考力が欠けていることが原因かもしれません。

ぜひ、事業所の「幹の部分」を見直してみてください。

代表自身に「幹の部分」がないと、いつまでも会社全体でのサポート体制が整わず、セラピストやできる職員に任せきりになってしまいますし、職員を育てていく意識やサポートするというスタンスがないと、どんな人も続けられず、辞めていってしまうものです。

どれだけ募集に力を入れても、最初から「完璧な人」は入って来ません。

どの事業所も手探りで取り組んでいくものですから、しっかりとサポート体制をつくって、代表と職員、会社全体で取り組んでいきましょう。

療育と保育は似て非なるもの

療育と保育の違いを三角形であらわす

療育は、子どもたちの現状を把握するところから始まります。

・好き嫌い
・できるできない
・育成歴
・家族関係
・社会とのつながり度合い

…こういったことをしっかり調べたうえで、その子がいま一番伸ばしたいところ、必要なところを導き出すのです。

これらをもとに「個別支援計画」という児童それぞれの個別の支援目標をつくっていきましょ

う。保育や幼児教育は、いろいろな可能性を見ながら伸びていく、未来に向かって末広がりの図にあらわすことができます。

それに対して療育は、個別支援計画をもとに、子どもにとって、いま一番伸ばしたい目標に対して必要かつ具体的な手立てを打ち続けていく、三角形の図になるのです。

下図からわかるように、保育と療育は考え方が逆向きです。

まず、その違いを理解しなければいけません。

保育と療育の違い

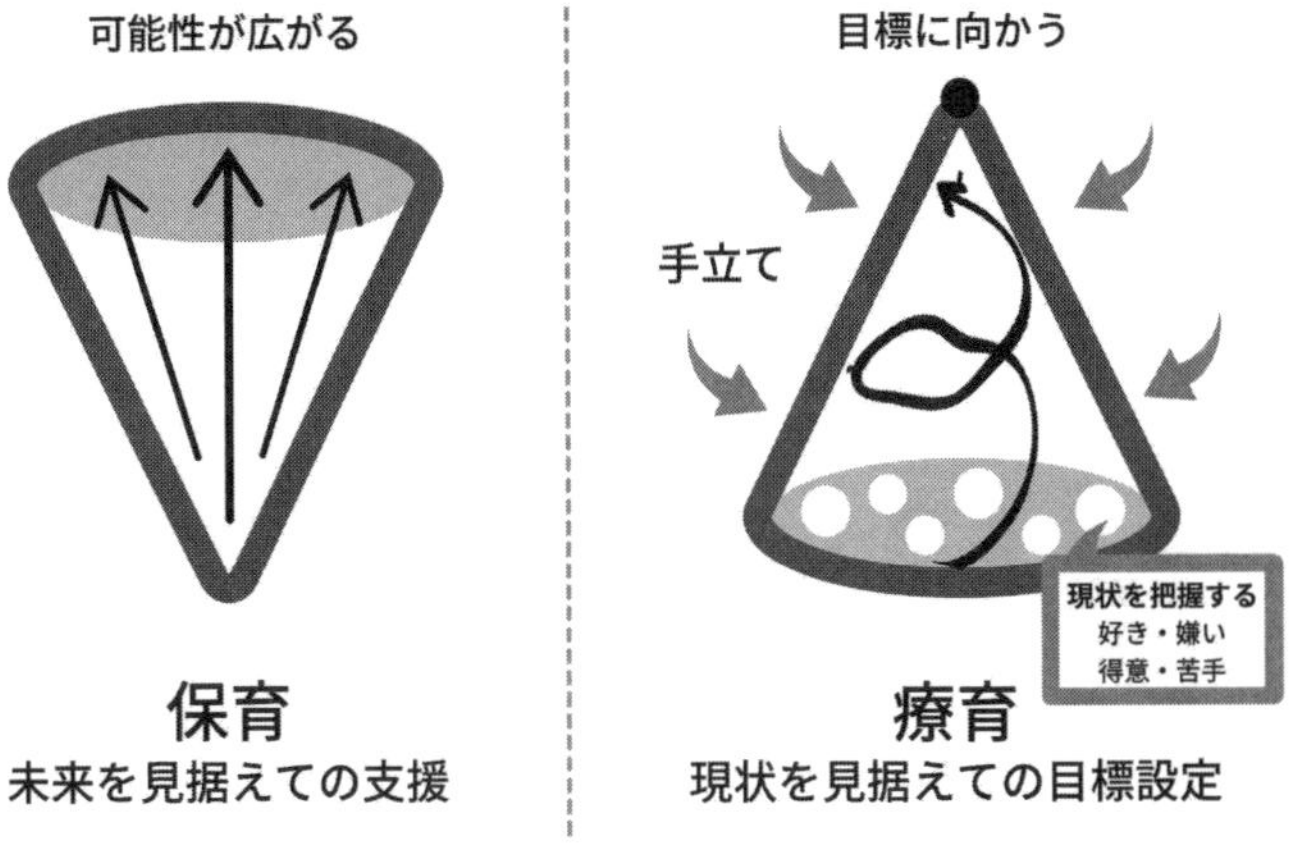

療育とは、さまざまな形の器に工夫して水を入れること

発達というものは、器に水が溜まっていくようなものです。

健常児の子の器は、愛情や時間、経験、言葉がけをしていくほどに、自然と水が溜まって成長していきます。

でも、課題感のある子どもの器は、個性的な形のものが多いのです。

そのため、健常児と同じように注いでも、一向に水が溜まりません。

この水の入れ方を工夫することが、療育なのです。

もちろん、入れ方を工夫したとしても、すぐに完全に水が溜まるわけではありません。

一人ひとりの個性的な器に、試行錯誤しながら水を注いでいるうちに、気づいたら少しずつ水が溜まっていくというようなイメージになるでしょう。

ここでも、「保育と療育は似て非なるもの」だとわかっていることが大切です。

一般的な器
一般的な茶器で入れることができる

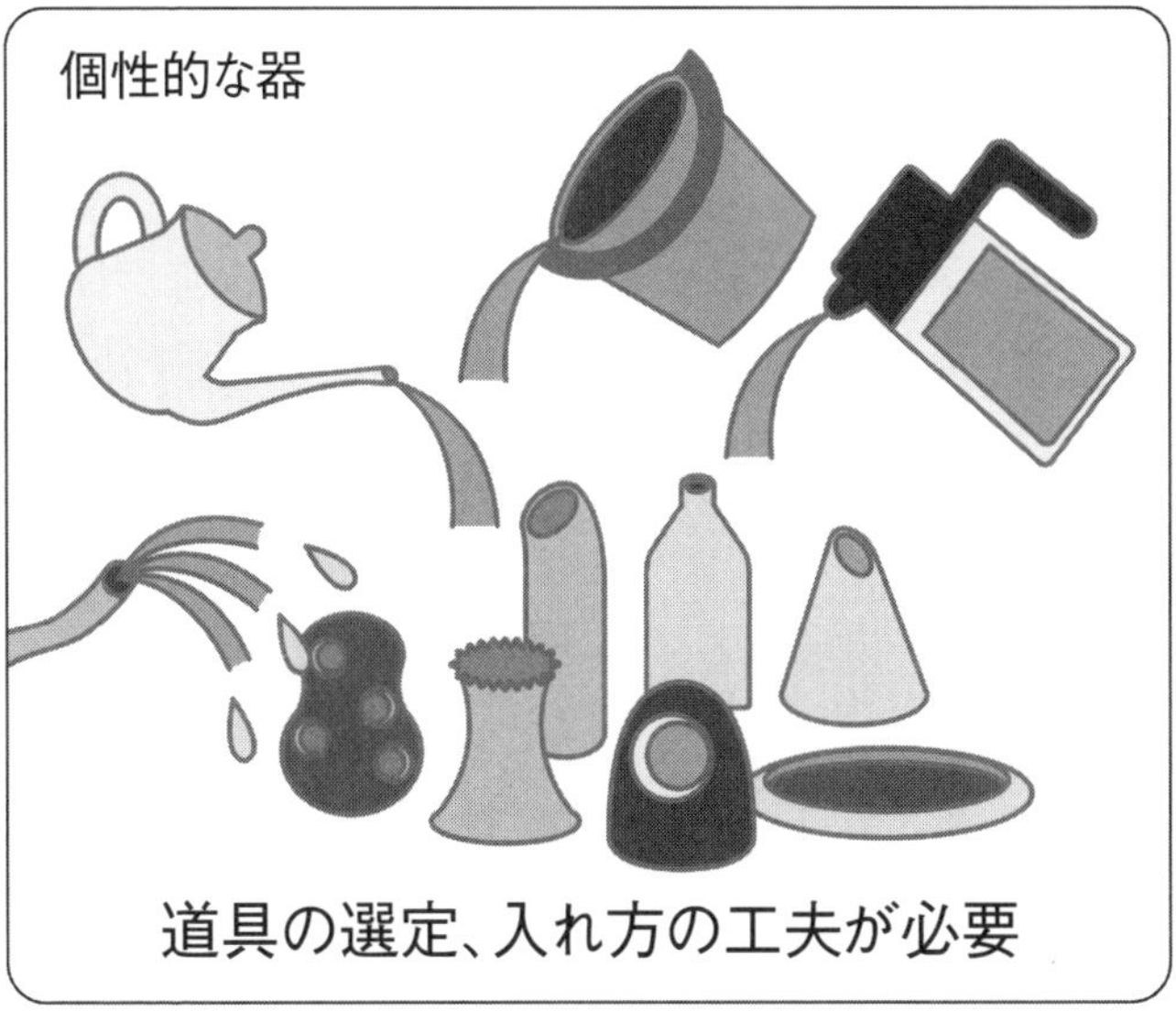
個性的な器
道具の選定、入れ方の工夫が必要

療育の「セラピー」と保育の「ケア」の違いを理解する

受けとめたあと、がんばることも教えるのが療育！

療育施設では、子どもたちに対して「発達をうながすための療育的なアプローチ」を行います。

保育は、愛着や擁護といった状況を担保し、「受けとめてあげる」ということが一番大切です。

つまり、夢や希望など「ケア」の面が強くなります。


一方、療育は「セラピー」です。

「いいよ。大丈夫だよ」と受けとめるだけでは、その先の成長につながっていきません。

課題感のある子は、そのままでは生きていけないでしょう。大人になってからのことも考えて、幼児期にがんばっておくことが必要なのです。

「受けとめる」ことは大前提ですが、そのあとは、本人にがんばらせないといけません。

ただ、セラピーの要素が強すぎて、「がんばりなさい」と言うばかりでは苦しくなります。

子どもたちの個性をつぶさないように、児童発達支援には保育の要素も欠かせないのです。

このように、「セラピー」と「ケア」の違いを、現場の保育士とセラピストも理解しておく必要があります。そうでなければ、療育を行っていくことは難しいでしょう。

療育でも保育士とセラピストの両方の目線を持つ

児童発達支援事業のなかには、児童指導員と機能訓練専門員の2種類が存在します。

・児童指導員…保育士など
・機能訓練専門員…セラピスト（作業療法士、言語聴覚士、臨床心理士、理学療法士など）

子どもたちを支援する場合、このように複数の目が必要になります。

保育士寄りで、ケアに重点を起きすぎても不十分ですし、セラピスト目線で課題に目を向けてばかりでもいけません。

お互いの専門を理解し合い、バランスをとって子どもたちのサポートをしていきましょう。

保育士はセラピストに頼りすぎない

のびのびした療育をするには、保育士目線も重要！

療育の現場で、セラピストの意見ばかりを優先してしまってはいませんか？

療育は、未経験な保育士が多いこともあり、「専門職のセラピストが言うのなら、それが一番いい」と言って、セラピストの職員の意見をそのまま100％信じてしまっているケースも多く見受けられます。

もちろん、セラピストの意見を否定する必要はありませんが、子どもたちのサインを見逃さないようにするためには、子どもの様子を包括的に見ている、保育士の意見も重要なのです。

セラピストの意見を聞くベストバランスは？

児童発達支援の現場では、普段は保育士がサポートを行い、月に1～2回だけ作業療法士などのセラピストが巡回に来る、というパターンも多いでしょう。

そのときは、現場にいる保育士が、

・セラピストが来るときまでに、聞きたい悩みや質問を溜めておく
・確認したことを保育士が実践する
・保育士が、日々、子どもたちの反応を確認し、試行錯誤しながら進める

という流れで取り組むことによって、子どもたちに合った支援を行うことができます。

一方、セラピストが常駐している施設では、すぐにセラピストに相談できて安心できる反面、保育士が、自分で考えて試行錯誤する部分が弱くなってしまう傾向もあります…。

療育に関わる保育士自身が、

・子どもたちの様子に気を配り、疑問を持つこと
・「こんなふうにやったらどうだろう？」とアイデアを出すこと

などを意識していきましょう。


また、施設では保育士が自信を持って療育に携われるように、

「保育士も子育ての専門職だ」

と自負できるような土台をつくってあげてください。


もし常駐しているセラピストがいる場合は、保育士が自分で試行錯誤できるように、

「この子は4歳だけれど、コミュニケーション能力の発達は1歳半くらいですよ」

という情報だけ、保育士に共有しましょう。

そして、その情報をもとに保育士がその子に合わせた遊び方や関わり方を工夫する、という流れをつくることもおすすめです。

たとえ療育の現場であっても、のびのび子どもを育てる保育士の視点も、大事にしていきたいものですね。

療育スタイルはどう確立する？

療育は何をしても正解！

療育は、本人のニーズ、保護者のニーズ、社会のつながりを押さえていれば、どのようにアプローチしてもいいと言われています。

そのため、施設によってさまざまなアプローチ方法があります。

①個別…大人ひとり子どももひとり
②ペア学習型…子ども2人で歩調を合わせてひとつの課題に取り組む
③小集団型…3～6人の子ども同士でコミュニケーションをとる
④集団型…6～10人程度の子どもが集まる施設で過ごす
⑤母子通所型…保護者と一緒に過ごせる施設で過ごす
⑥母子分離型…保護者と別々に過ごす

⑦運動療育…トランポリンやふわふわのクッションプールなどで身体を動かすのが目的
⑧セラピストだけの療育…セラピストのみや、言語聴覚士だけ、作業療法士だけに限定した施設で過ごす

といったものがあるでしょう。

自分たちのポイントをしっかり発信していく

元気キッズでは、

「人はひとりでは生きていけないから、お友だちや大人とコミュニケーションをとりながら育ってほしい」

という想いで、集団型の児童発達支援を運営しています。

さまざまな型があるからこそ、どのようなところにフォーカスをした施設なのか、ホームページやパンフレットなどではっきり打ち出しましょう。

そうすることで、保護者と施設を結びつける相談支援員たちも

「うちの子は転びやすくて、ケガが多くて心配」

↓⑦の運動療育施設を紹介

「話すことが苦手で、コミュニケーションがとれなくて困っている」

↓⑧言語聴覚士がいる療育施設を紹介

というように、施設の紹介がしやすくなります。

ただし、言葉を介したコミュニケーションが課題の場合、身体がまだ未発達のために発音ができていないことも考えられます。

この場合、言語聴覚士の前に作業療法士のサポートが必要なので、他職種の職員がいるほうが、多角的なサポートが受けられるメリットもあるでしょう。

いろいろなスタイルがある分、その子に合った支援が受けられるように考えてあげることが大切です。

事業所をつくるための「軸」を定める

想いの「軸」をつくることで、採用も運営もぶれなくなる

これから施設を開業する場合、セラピストの人材確保は重要です。

セラピストは保育士よりも母数が少ないので、集まりにくいでしょう（もちろん、運営目線で見ると、保育士は専門的支援加算になるので、こちらの人員確保も欠かせません）。

また、セラピストの場合、中途採用でも注意が必要です。

保育士は生活全般のサポート役なので、基本的にどの施設でも経験値に大きな違いはありません。

一方セラピストの役割は、いままでいたバックグラウンドによって、経験値が大きく異なるケースが多いのです。

たとえば、

①医療関係だったので、ドクターからの医療的に裏づけされたオーダーがあって、それに沿ったアプローチだけをしてきた
②老人や成人しか対応したことがない
③ひとりの人に専属でつく「マンツーマン型」だったので、複数人でひとりの子を見守るスタイルに馴染みがない

このように、同じセラピストであっても、もともといた場所によって「当たり前」が大きく異なります。


専門職が多い施設ほど、このカベにぶつかることが多々あるでしょう。

そもそも、民間施設で子ども向けの療育を経験してきた人自体が少ないこともあり、まだ専門職の採用では、

「思っていた療育と違った…」

というミスマッチが生まれやすいのが現状です。

「軸」から療育スタイルを決めよう

療育スタイルは、どのように決めても、何をしてもいいものです。

でも、そのなかでも、

「あなたが何をしたいのか？」

「子どもたち、保護者、地域に、どんな貢献をしたいのか？」

という想いの「軸」が一番重要です。

想いが定まっていないと、運営がぶれてしまい、採用した管理者の意向に引っ張られてしまうかもしれません。

自分の軸から、事業所のスタイルを決めていきましょう。

3章

療育の質を高めるために

療育に必要な2つの要素「個別支援計画」と「指導記録」

療育の「柱」を立てる

児童発達支援施設は、「個別支援計画書にもとづいてアプローチをしていく」施設です。そのため個別支援計画書は、療育施設で絶対につくらなければいけない、言わば「柱」のようなもの。

その計画書がしっかりしていれば、アプローチも子どもの成長につながりやすいのですが、反対に、計画書の内容が雑になると、子どもの成長にはつながりにくくなります。この結果は、とても顕著にあらわれるでしょう。

一人ひとりの得意なこと、不得意なことや状況を把握することで、いまその子に必要なこと、不必要なことが精査され、適切な個別支援計画が立てられます。

誰が見てもわかるものをつくろう

指導記録とは、個別支援計画書に沿ってアプローチしたときの記録です。

「今日どのようにアプローチをして、子どもはどういう反応を返してきたのか。そのあとどんな展開になったのか」

という内容を書きとめていきましょう。

このように、子どもの様子を毎日職員が振り返ることで、

「子どもがどうしたら自分でできるようになるのか？」

というPDCAを回せるようになります。

個別支援計画の内容は、誰がいつ見ても「できた・できなかった」を判断できるようにしておくことが大切です。

ですから、個別支援計画書の支援目標は、できるだけ数字であらわせて、確認できる目標

に設定しましょう。

たとえば、

「100mを1分50秒で走れるようになる」

という目標であれば、達成できたのかどうか、目標に近づけたかどうかがとてもわかりやすいですよね。

この、「誰でも同じ評価をすることができるようにしておくこと」を、療育ではとても大切にしています。

「個別支援計画」と「指導記録」は療育には欠かせない要素です。

本章では、内容をより詳しく見ていきましょう。

個別支援計画書と指導記録を活用する

個別支援計画書

- 少なくとも半年に１回は作成
- 個性に合った目標を立てる
- 誰が見てもわかるように、数字に落とし込んで書く

指導記録

- 日々書き残すもの
- 目標に対してのアプローチや、子どもの反応を記載する
- 日々振り返りPDCAを回していく

個別支援計画の立て方のポイント

子どもがよりハッピーに生活できるようになるための目標を決める

第1章でも少しお話ししましたが、療育施設は個別支援計画に沿ってその子の成長を支援するための施設です。

ただ楽しく過ごすだけでなく、目標を達成するために背中を押し、結果を出すことを求められています。

ですから、

「何もできずに半年経ってしまったけれど、楽しかったよね」

「何か成長した気がするね！」

ということではいけません。

子どもの成長を支援するため、個別支援計画書は、半年に1回以上の作成を、法律で義務づけられています。

そのため、基本的には、1〜2ヵ月で達成できる簡単なものではなく、半年間かけて達成できそうな難易度のものを目標にするのが理想的です。

ただ、どのような施設・職員でも、1回2回会っただけで、その子の特徴や個性はわかりません。

そのため、通所の回数にもよりますが、最初は1〜2ヵ月の間「アセスメント」と呼ばれる、観察期間を設けています（ここでも、保護者の同意を得ていることが大切です）。

そして、この期間に関わっているすべてのスタッフから意見を聞き、その子の得意なこと苦手なこと、

「これができるようになれば、もっと人生がハッピーになるかな？」

というポイントを見つけて、個別支援計画書を作成していくのです。

計画は複数人の目で意見を出し合うことがカギ

元気キッズでは、少ないときでも社員3名＋パート複数名で、それぞれの目から見たその

子の情報を出し合っていきます。

クラスを引っ張っている職員の前と補助で入ってくれているパートの前とでは、子どもたちの反応が違います。

その子の現状を偏りなく判断するためにも、多くの人から情報をヒアリングすることは、とても重要なのです。


児童発達管理責任者であっても、療育経験が長い人であっても、半年後の子どもの発達速度を予想することは、かなり難しいもの。新人でも、ベテランでも、常に悩みながら計画を立てています。

ですから、ひとりで計画を立てるのではなく、多くの人の目で観察して、目標を決めることが大切です。

大勢で目標を決め、どのように達成していくのか、手立てを考えていきましょう。

また、手立てなら、新人であっても比較的ひとりでも考えやすいはずです。

指導記録はどう書いたらいい？

成長がわかるように、具体的に日々の記録をつける

繰り返しお話ししてきたように、療育施設は、ただ楽しく過ごすだけが目的ではありません。自分で目標を達成するために背中を押し、結果を出すことを求められています。

ですから、指導記録は日記や保育日誌と違い、「子どもががんばっていたポイント」を具体的に書くようにしましょう。

（例1）かけっこ
×「がんばって走っていました」
「前よりも、早く走れるようになってきました」
◎「100m走るのに、昨日は2分かかりましたが、今日は1分58秒で走れました」

（例２）山登り

×「大変そうだったけれど、がんばって登れていました」

「まだひとりで登るのは大変ですが、自分から何度も挑戦していました」

◎「最初はなかなか登れなかったけれど、大人が支えてあげると２歩進めました」

「３歩目で転んでしまったけれど、登れるまで10回も挑戦していました」

このように書くと、どの過程で、どの段階のことをがんばっているのかが、第三者にも一目でわかります。

指導記録は、誰が記録をとっても判断基準が変わらないように、変化を数値で具体的に残せるようにしましょう。

（例３）着替え

×「時間をかければ、着替えることができます」

「声をかけてあげると、自分で着替えられるようになってきました」

◎「洋服の端っこをつかませる動作を手伝えば、自分で頭を入れられました」
「頭を入れられたら、あとは『手を入れた?』『反対の手を入れた?』とその都度何をしたらいいか声をかけてあげると、自分で着替えることができました」

「時間をかけている間」に何をしてあげたらいいのかまで細かく書くことで、第三者にも子どもの様子が伝わりやすくなります。

このように詳細を残しておくと、小学校に上がるときの引き継ぎなどで見せられる資料になるので重宝されるでしょう。

ただ、このような内容は、半年に一度振り返り、まとめるだけでは書き残せません。

その子の取り扱い説明書を書くようなつもりで、日々の様子を具体的に記録していってくださいね。

指導記録を活用する

指導記録はさまざまなことに使用できる

指導記録は、保護者にどのように活用していただいてもかまいません。

たとえば、

・保育園・幼稚園の先生に「こういうときには、こうしたらうまくいったんだ」という参考にお渡しする

・離れて住む祖父母に「うちの子は、こんなふうにがんばっています」という成長記録として見せる

・まとめたものを幼稚園・小学校にお渡しして、成長の歩みを共有する

というように、さまざまな使われ方をしています。

元気キッズでは、子どもの「目標」に関することは指導記録にまとめ、目標と関係のない

「心」に関することは保育記録（連絡帳のようなもの）にまとめています。

そこでは、

「こういったとき、とても楽しそうに遊んでいました」

「お友だち同士で、こんな素敵なやりとりがありましたよ」

というお知らせをしています。

そうすることで、

「うちの子は、大切にしてもらっているんだわ」

「こんなふうに笑って過ごしていることもあるんだな」

とわかるので、保護者にとても喜んでいただけます。

ただ、保育園と違い、児童発達支援の教室に通う子どもたちの保護者は、指導記録で「どれだけできるようになったか」「がんばっているか」という成長を感じるほうが、より喜ばれている気がします。

これは、通わせている目的の違いによるのかもしれませんね。

お子さんの様子を共有するツール

お子さんの様子は、指導記録の共有以外にも、お迎えに来たときに保護者にお話しするようにしています。

お話しする内容は園の特徴でも異なります。いくつか例を紹介しましょう。

・保育型児童発達支援

…母子分離型で、10人程度の子どもたちをお預かりしています。

保護者がテンポよくお迎えに来るので、「みんなでこのようなことをしました」というような、集団での様子をお伝えすることが多くなります。

（例）「今日はハサミを使って、お雛様の洋服を切ってつくりました」

・ペア指導型・保育所等訪問支援

…保育園や幼稚園などに通う子を対象に支援を行っています。集団とマンツーマンそれぞれの時間がある教室型支援です。

そのため、マンツーマンのときの、よりパーソナルな様子についてお伝えしています。

実際、その子の具体的な様子を知りたくて通わせている保護者が多い施設でもあります。


(例)「今日はハサミを使ったとき、ハサミの持ち方が◯◯だったので、持ち方をこう変えたらうまくいきました」


このように、療育では、日々の詳細な成長を記録することはとても喜ばれ、後々役立っていきます。

せっかく指導記録をつくるのであれば、たくさん活用していきましょう。

第1期 個別支援計画書

作成日 令和●年●月●日

フリガナ 児童氏名	●●●●●●●● ●●●●●	生年月日	●●●●●●●● ●●●●●	作成者	●● ●●

本人の 希望		保護者の 希望	
本人が得意・ 好きなこと		本人が苦手・ 困っていること	
フリガナ 児童氏名		フリガナ 児童氏名	
長期目標 (1年後)			

短期目標 (6か月後)	支援内容	支援期間
		令和●年●月 ～ 令和●年●月
		令和●年●月 ～ 令和●年●月

週刊計画	[他施設併用(児童発達・園名・習い事など)] [支給量] [相談事務所・担当者] [医療機関]	留意事項	

上記内容に同意しました。

令和●年●月●日　保護者氏名　●●●●

株式会社●●●●●●●

児童発達支援元気キッズ元気キッズセンター週間施設

児童発達支援管理責任者　●●●●

児童発達支援管理責任者　承認日　令和●年●月●日

個別支援計画の立て方のポイント

スタッフ間の情報共有がカギ

個別支援計画に沿って療育を行う際は、スタッフ間でその子の情報共有をどれだけできているかが重要になってきます。

セラピスト、保育士、補助の職員…多くの人の目を通して、その子の様子をその都度共有し合いましょう。

セラピストの前、保育士や補助の職員の前では、子どもたちの様子も変化します。

普段親密に関わっている保育士や補助の職員の目線を無視してはいけませんし、専門職だからと言って、セラピスト任せにしないようにしてください。

子どもの様子は常に変化します。

当然、計画通りに成長することばかりではありません。

ですから、目標を立てたあとも、日々の成長に合わせて、アプローチ方法を柔軟に変え、目標に向かって変化をうながしていきましょう。

このときも、いろいろな人と相談しながら手立てを考えることで、偏りを減らし、その子に合ったアプローチができるはずです。

適切な修正をするためにも、個別支援計画書の最初の目標の立て方はとても重要です。保育の目標はどうしても抽象的になりやすいのですが、できる限り、具体的な数字に落とし込んで設定しましょう。

ポイントは、複数名の職員で情報を出し合い、その子の好き嫌い・得意不得意などをできるだけ正確に把握することです。

細やかなサポートを実現するためにウェブアプリの活用例

事務仕事も変わってきている

元気キッズでは、個別支援計画書を作成し、それに紐づいて指導記録を書くためのアプリを活用しています。

これによって、

・保護者が、メールなどで気軽に確認できる
・環境を整えれば、施設間を超えて情報共有ができる
・過去の情報を保管し、すぐに閲覧することができる

というさまざまなメリットが生まれました。

専門職がいない教室によっては、似ている子の情報を参考にして、支援計画や手立てを考えることにも役立っています。

情報はひとまとめにしておく

また、目標がぶれないように、アプリを開いたときに最初にその子の目標が表示されるように設定しています。

常に目標を目にすることで、どの職員が入っても目標にぶれずにアプローチができるようなしくみをつくっているのです。

また、職員のみが閲覧できる備考欄には、お子さんの様子を共有できるようになっています。

「お子さんの元気がなさそうでした。伺ったところ睡眠不良とのことです」

「今日こういったアプローチの反応がよかったので、ほかの先生もやってみてください」

といった情報なども、残しておくといいでしょう。

子どもに関する情報がひとつにまとまっていると、情報の見落としの防止、共有時間の短縮にもつながります。また

「共有されていたおすすめのアプローチ方法、この認識で合っている？」

というように、職員間のコミュニケーションの活性化にもつながっていくのです。

現場では、ひとりのお子さんの情報が複数のノートやファイルにバラバラに保管されているケースが多々あり、共有漏れの原因にもなっているので、アプリなどを使って、1ヵ所ですべて確認できるようにすることで、効率がよくなり、職員の働きやすさにもつながっていくでしょう。

また、過去の記録を1ヵ所に保存するルールにしておくことで、職員が離職する際の情報の紛失も防ぐことができます。

そういった意味でも、複数人で情報を共有しやすいしくみはとても大切なのです。

※アプリについて、ご興味のある方は気軽にお問い合わせください。
Porter Work (https://www.porter.work/)

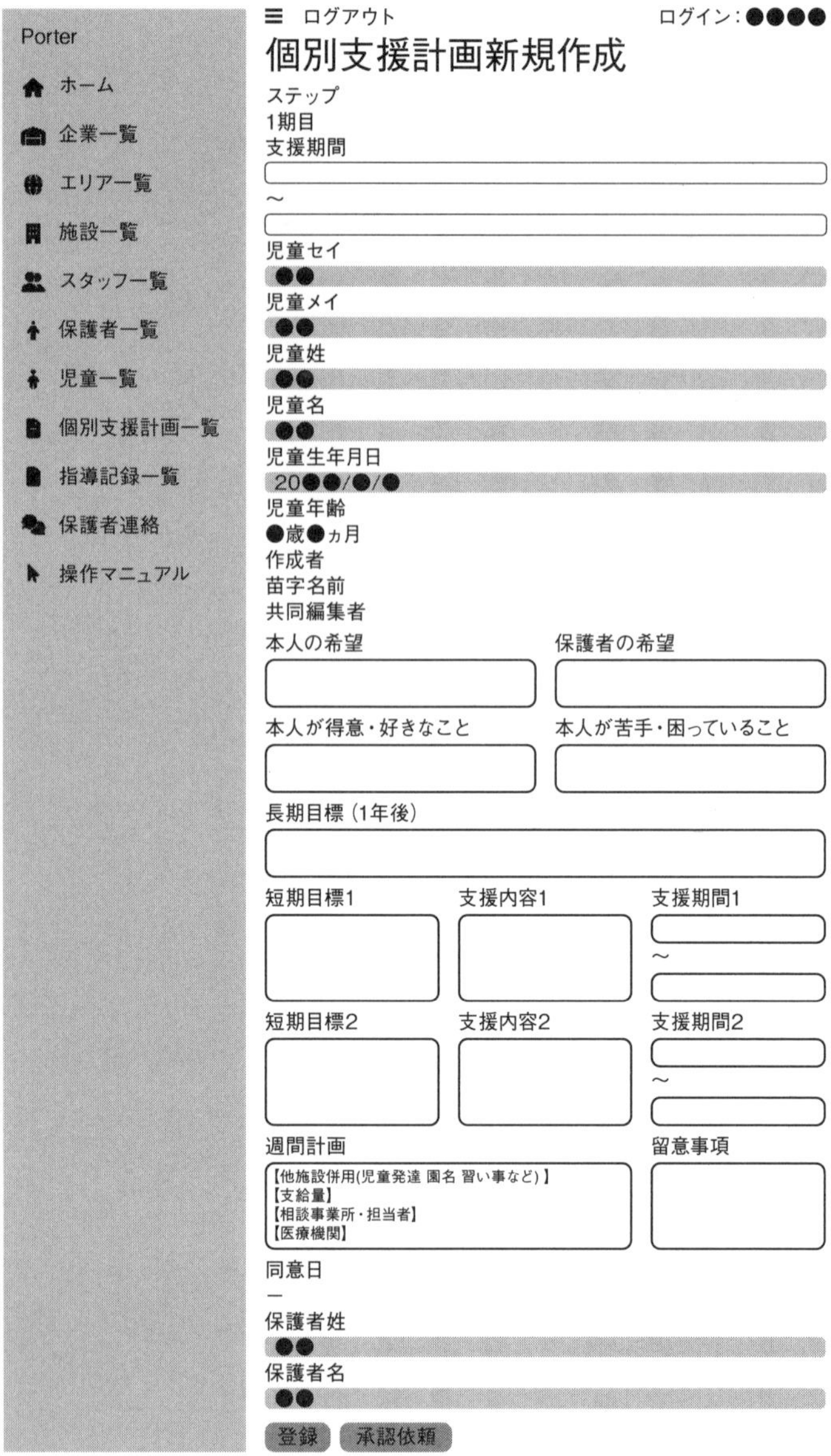
≡ ログアウト
ログイン：●●●●
Porter
ホーム
企業一覧
エリア一覧
施設一覧
スタッフ一覧
保護者一覧
児童一覧
個別支援計画一覧
指導記録一覧
保護者連絡
操作マニュアル
個別支援計画新規作成
ステップ
1期目
支援期間
～
児童セイ
●●
児童メイ
●●
児童姓
●●
児童名
●●
児童生年月日
20●●/●/●
児童年齢
●歳●ヵ月
作成者
苗字名前
共同編集者
本人の希望
保護者の希望
本人が得意・好きなこと
本人が苦手・困っていること
長期目標（1年後）
短期目標1
支援内容1
支援期間1
～
短期目標2
支援内容2
支援期間2
～
週間計画
【他施設併用(児童発達 園名 習い事など)】
【支給量】
【相談事業所・担当者】
【医療機関】
留意事項
同意日
ー
保護者姓
●●
保護者名
●●
登録
承認依頼

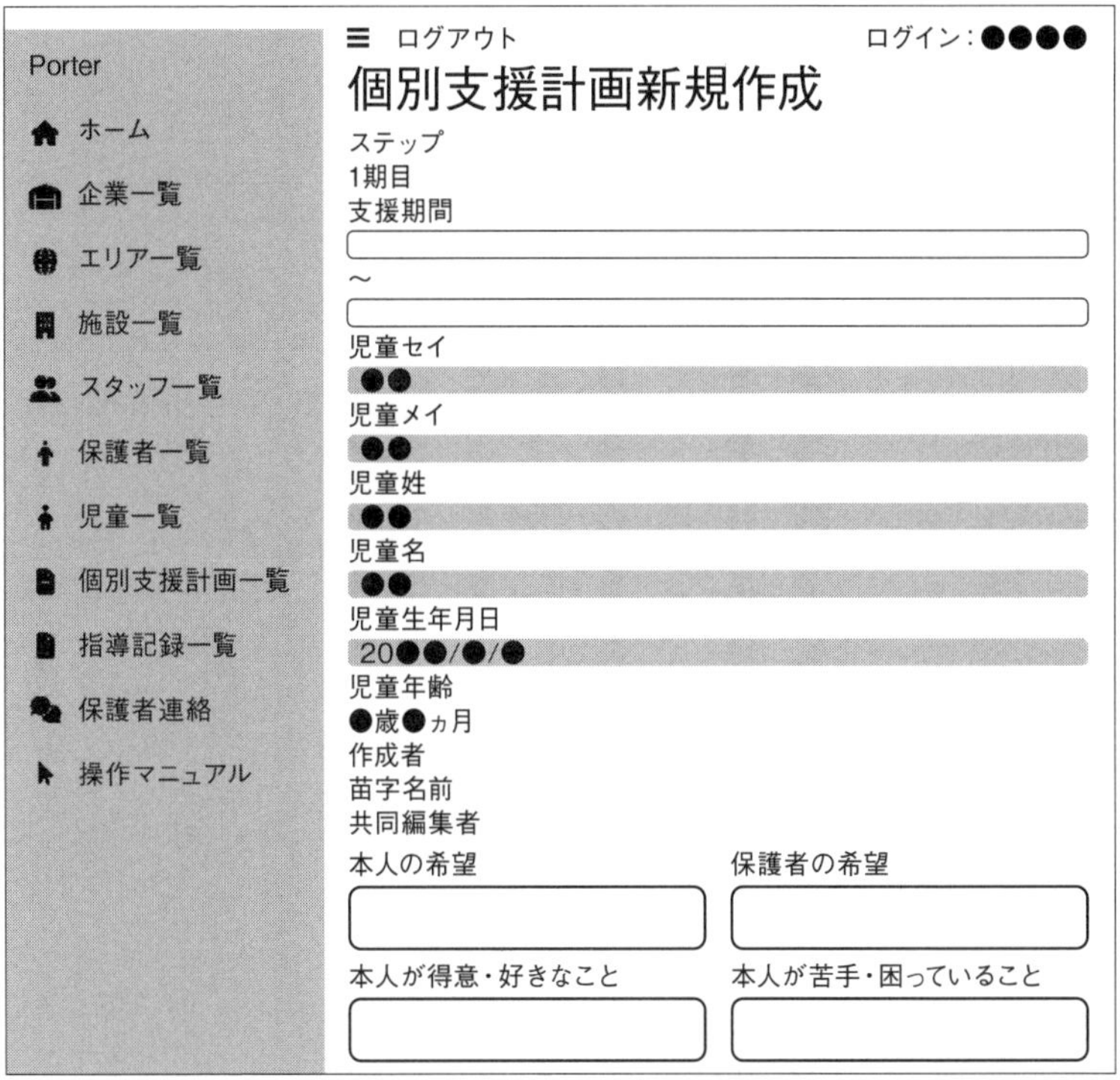
ログアウト
ログイン：●●●●
Porter
ホーム
企業一覧
エリア一覧
施設一覧
スタッフ一覧
保護者一覧
児童一覧
個別支援計画一覧
指導記録一覧
保護者連絡
操作マニュアル
個別支援計画新規作成
ステップ
1期目
支援期間
〜
児童セイ
●●
児童メイ
●●
児童姓
●●
児童名
●●
児童生年月日
20●●/●/●
児童年齢
●歳●ヵ月
作成者
苗字名前
共同編集者
本人の希望
保護者の希望
本人が得意・好きなこと
本人が苦手・困っていること

保護者との関係性づくりは、新規面談の傾聴から

最初はカベがあって当たり前

0～6歳の幼児期は、まだ子どもの発達の凸凹がわかりにくい時期です。

そのため、療育に訪れているご家庭のなかには、幼稚園や保育園で、療育をすすめられたことに対して、傷ついていたり、

「何でそんなことを言われなきゃいけないの、悔しい！」

と怒っていたりする保護者も多いものです。

こういった状態のときは、自分の心を守る気持ちが強くなっているので、

「家では困っていないのに、幼稚園でこんなことを言われた。でもそんなことはない！」

という一点張りになっているかもしれません。

はじめて来られた面談のときは、とくに、

「何を言われるんだろう」

と身構えていたり、

「病名をつけられたらどうしよう」

と不安になっていたりするものです。

ですから、最初は、

「療育の先生はわかってくれる」

と思ってもらえるように、良好な関係を築くことから始めましょう。

まず「傾聴」から始める

関係性を築くために大事なポイントは、まず「傾聴し続けること」です。

療育の職員の多くは保育園・幼稚園勤務の経験があるため、幼稚園の先生が困っている気持ちもわかるはずです。

でも、そこをあえて伝える必要はありません。

また、保護者に同調して、先生を悪く言う必要もありません。

「そう言われて、つらかったですね」

「お家で困っていないなら、急に言われてびっくりしましたよね」

と、ただただ共感するように心がけましょう。

わたしたちの新規面談は30分ほどなのですが、共感の姿勢を繰り返していると、保護者も次第に心を開いてくれて、

「じつは、家では棚を漁ったりして困っているんです」

というように、面談の最後に気になっていることや、困っていることをお話ししてくれるようになるはずです。

もし、ずっと話をされている場合は、時間までお話を伺いましょう。

まずは共感・肯定し、徐々に関係性を深めていく

保護者に寄り添うことがカギ

幼児期は、これからお子さんの障がいについて受け入れていくような段階です。育てにくさを感じていても、自閉症とは思っていない、知的面に何かがあるとは思っていない保護者に対して、まずはありのままのその子の状態を受け入れてもらえるような対応を心がけましょう。

それには、入所したばかりの保護者との関係性づくりが重要なポイントになります。

①最初はお子さんのいいところから共有する
②保護者の心が開いてきた頃に、課題について少しずつ触れていく

というように、段階を踏むようにしましょう。

もちろん、保護者から課題について相談があったら、その場で伝えてもかまいません。

寄り添うことで信頼いただけるようになる

保護者がお迎えのときにお話ししてくることもありますが、たくさんの人が出入りする時間帯なので、そこまで長話にはならないでしょう。

もし、しっかり話す必要がありそうなときには、

「お話をもっとしっかり聞きたいので、別の日にお時間をとれますか?」

と面談の形をとるのがおすすめです。

でも、もし緊急性のある場合は、別室ですぐにお話を聞くケースもあります。

たとえば、以前、とても暗い顔をされているおかあさんがいたので、声をかけて別室で伺ったところ、

「家でふたりきりだと、子どもが泣くし暴れるから、帰るのが憂鬱なんです…」

と話してくださいました。

とてもこだわりの強いお子さんだったので、帰宅前より、おもちゃの位置が1㎝ずれただ

けでも暴れてしまうとのこと…。

こだわりに波のある分、このときは、その子のこだわりが落ち着くまでの数日間、お迎えのときに別室でお茶タイムを設け、保護者と雑談をして過ごしました。

とくに元気キッズでは、フォローの手厚さを大事にしているのですが、このようにしっかり保護者の話を聞くことで、「受け入れてもらえている」という安心感を持っていただけるようになり、信頼も積み重なっていくのです。

保護者の不安に寄り添い、お子さんをサポートできるように支えることも、児童発達支援事業所の欠かせない役割です。

日々の積み重ねで、徐々に信頼関係を深めていきましょう。

徐々に伝えていく必要のある子どもへの間違った対応例

ご家庭で「間違った学習」をさせていませんか？

子どもに泣かれたり、騒がれたり、暴れられたりすることは、保護者にとっては大きな負担になります。

たとえばスーパのお菓子コーナーで、子どもがお菓子ほしさに泣き叫んでしまった場合。その状況を収めるためにお菓子を買ってしまう人は多いのではないでしょうか？

でも、それによって子どもは

「ここに来て泣き叫べば、お菓子がもらえるんだ」

と誤った学習をしてしまいます。

ほかにも、子どもが夜寝ないからといって、疲れさせるために公園で気がすむまで4時間以上遊ばせているというケースもあります。

じつは、療育に来る子にはとても多いパターンです。

公園で遊ぶのは一見健全そうに感じますが、「本人の気がすむまで自由に遊べる」ということが当たり前になっていると、保育園や幼稚園で、

「もう外遊びはおしまいです。お部屋に入りましょう」

と言われたときに、スッとやめることができなくなってしまいます。

なんでも思い通りになるのが当たり前になると、

「家では『ん!』と言えば、願いを叶えてくれるのに、どうして保育園では、こんなに伝えているのに願いを叶えてくれないんだ!」

という気持ちになってしまうのでしょう。

ほかにも、

・子どもにいろいろな体験をしてほしいからといって、指さす方向に合わせていつも移動してしまう

・電車が好きで喜ぶからといって、1日中電車に乗せてしまう

このように、喜んでほしい親心からしていることでも、子どもの要望を叶えすぎていることで、かえって切り替え下手な子になってしまうケースが多々あるのです。

誤ったサイクルに陥っている家庭には、声かけをする

最近は、ｉＰａｄなどを使って勉強させたり、動画を見せているご家庭も増えてきました。

ただ、最新のものに慣れてしまった子にとって、幼稚園の積み木のおもちゃなどは楽しくありません。自分で動かさなくては遊べないものに対して、興味が持てなくなってしまうのです。


そういった子どもたちにとって、保育園や幼稚園は、思うようにいかず、楽しくない場所でしょう。

見ていて何も起きないおもちゃは退屈ですし、外で楽しく遊んでいるのに「早くお部屋に入ろう」と言われたり、嫌いなものを嫌だと主張しても「そんなこと言わずにがんばろう」と諭されたりしてしまいます。そうすると、

「早くお家に帰りたい」

「もう行きたくない」

という事態につながってしまうのです。

また、子どもが行きしぶりをすると、朝から支度させて、自転車や車に乗せて連れていくことが大変になり、お休みしがちになる…という悪循環に陥ってしまいかねません。

子どもの気持ちを尊重するのは大切なのですが、先ほどの例のように、希望を叶えすぎることで間違った学習をしている場合もあります。

お家のなかでも多少の限度や節度を持って過ごしているほうが、いいサイクルを築きやすくなるでしょう。

もし誤った学習のサイクルに入ってしまっている保護者には、もう少し園に通う回数を増やすように声をかけ続ける対応が必要です。

どんなことも強制はしない

たとえば、「横断歩道を見るたびに泣いてしまう」という相談があったケースでは、話を詳しく聞いてみると、子どもが喜ぶからといって、保護者がスクランブル交差点で2時間ずっと青信号を渡り歩くという遊びをしていたことがわかりました。

このときは

「おかあさん、だからこの子は青信号を見るたびに『あっちに行きたい』と泣いちゃうんですね！」

「わたしたちはお散歩のときに、『行きたい方向が赤信号のとき、行きたくない方向が青信号でも渡らないよ』と教えていて、最近は少しずつ我慢できるようになってきたから、よければお家でもやってみてくださいね」

とお伝えしました。

どんなことでも、保護者に強要はできません。

でも、施設で取り組んでいることはお話しして、

「よければやってみてくださいね」

と声はかけ続けましょう。

4章

児童発達支援は人ありき

なぜ「人」が大事なのか

なかなか採用につながらない現状

これから児童発達支援を始めたい場合、どういったことに気をつけるのがいいでしょうか？

まず困るのが、児童発達支援事業に関わってくれる「人材」についてです。

児童発達支援管理責任者がいないと事業ができないため、まずそちらの採用が必要になりますが、児童発達支援管理責任者になるのは、自分たちの想いを体現してくれる人でないといけません。

自分たちの想いに共感して、さらに療育のこともしっかりと理解したうえで、運営してくれる管理者が必要なのです。

では、具体的にはどうすればいいのでしょうか？

そのひとつは、自社で育てる方法をとることです。

ただ、はじめての場合はそれも難しいので、外部から採用するのが無難でしょう。

採用の一番大事なポイントは、理念に共感してくれる児童発達支援管理責任者を採ること。

そのうえで、さらに自分たちが行いたい療育の形を実践してくれる児童指導員や、言語聴覚士、作業療法士、理学療法士、臨床心理士といったセラピストを採用していきましょう。

ただ、現状では、「いい人材が採用できない…」という声が、あちこちから聞こえてきます。

たとえば、児童発達支援センターでも、「セラピストがひとりしかいない」ということが当たり前になっているのです。

運営の理想は「正職員4人」スタート

児童発達支援事業所を運営するための最低条件として、まず
・児童発達支援管理責任者1名
・常勤の保育士1名

この2名がいなければいけません。
それに加えて、専門的支援加算をとるために、さらに保育士やセラピストが必要になります。

しっかり事業を運営するためには、正職員を4人ほしいところですが、最低条件では、
・児童発達支援管理責任者と指導員兼施設長
もしくは、
・施設長兼児童発達支援管理責任者、プラス指導員
という、最低2人でできます。

事業を立ち上げなければいけないために、外部から人が来るパターンもあるでしょう。
事業所の運営と「人材」の問題は、切っても切り離せません。

採用はあきらめないでやり切ろう

情報の内容を見直そう

採用について困っている人の話を聞くと、

「採用はホームページに少しだけ書いている」

「人材紹介会社や採用媒体を1社利用してみた」

という、募集不足のケースをよく見かけます。

わたしが施設の立ち上げをサポートしたケースを、例としてご紹介します。

まず、採用についての文言やキャッチコピーなどを変えたところ、児童発達支援管理責任者1名、保育士2名、指導員2名と、事業を十分に行える人数を一度で雇うことができました。

いま、採用がうまくいっていないのであれば、採用の広告の中身やサイトで掲載している内容から見直してみてください。

採用は、あらゆる方法にトライしてみることが大切です。

人材紹介サービスを利用するのもいいのですが、それは最終手段にして、まずは自分たちでできるところをやり切りましょう。

広告や採用にはお金をかけない

なぜ、人材紹介会社を最終手段にするのがいいのでしょうか?

まず、コストが高すぎるということが大きな要因です。

採用にお金をかけすぎると、収益を圧迫することになってしまいます。

また、児童発達支援で国からいただく運営費は、基本的に子どもたちや働く人たちに使うべきです。

なるべく、広告や採用コストにお金をかけるべきではないと、わたしは考えています。

もちろん、人がいなければ事業は継続できないので、人材紹介会社とお付き合いすることは正しいことですし、必要でもあります。

ただ、お金がある企業ほど容易に

「人材会社に頼めばいい」

と考えて、

「赤字にならなければいい」

という事業に変わり、どんどん人件費も削られ、質が落ちてしまう場合もあります。

その結果、子どもたちのための環境が悪くなってしまうのです。

理念とミスマッチな紹介会社が無理に合わない人材を押してくることもあるので、人材紹介を利用するのは最終手段と考えたほうがいいでしょう。

募集時の言葉を変えただけで、採用は劇的にうまくいく

働くイメージが浮かぶように具体的な情報を入れる

前項でもお伝えしたように、採用に悩んでいるなら、まず募集要項の言葉を変えてみましょう。

相手に伝わりやすく、響く内容をつくることで、採用は一気に変わります。

わたしたちは、自分の園で培ってきたノウハウをもとに、他園の募集要項の添削もしています。実際の例から、募集時に必要なポイントをご紹介しましょう。

【よくある修正ポイント】

①働く場所がどこなのかを明記する
②会社の持つ強み・特色を載せる

③どんな子が来るのか、支援をする対象の年齢層をはっきりさせておく
④オープン時期
⑤「経験値がなくても大丈夫ですよ」という一文
⑥1日の流れ
⑦実際の職務内容

最近は、どの募集要項でも、理念を載せている施設が増えてきました。

ですから、求人情報を探している人たちには、それ以外のポイントも紹介することが欠かせません。

とくに、太字の④〜⑦の情報をしっかり載せることで、働いているイメージがわきやすくなり、応募者が激増していきますよ。

募集要項Before

■幼稚園×療育　【県内初の療育施設23年４月ＯＰＥＮ】

当求人を閲覧いただきありがとうございます。

〇〇園は、50年の歴史を持つ＊＊（認定こども園）が始める多機能型事業所です。●●県で学校法人の幼稚園が運営する発達支援事業所は県内初です。

隣接の幼稚園（認定こども園）の園庭や園内環境を活用し、子ども達が普段生活する園と発達支援をシームレスにつなぐ、新しい療育施設を一緒につくりませんか？


【こんな方を募集しています】
・児童発達支援管理責任者の資格を活かして働きたい
・子どもの可能性や個性、才能を伸ばしてあげたい
・一人ひとりの心に寄り添い、発達状況に合わせた援助をしたい
・キャリアを積んでいきたい
・自分たちで仕事をつくり上げていきたい

【安心の就労環境で皆さんの働きやすさを重視しています！】
・充実の研修制度
・完全週休２日制
・各種社会保険完備
・産休・育休
・副業ＯＫ

【なぜ、幼稚園が療育を始めるのか？】

子どもたちにとって成長の中心である幼稚園や保育園は、小さな社会と言えます。一般社会と同じように小さな社会でも、さまざまな特性を持った人たちが生きていて、発達に凹凸のある（発達に課題のある）子どもは生きにくさを抱いています。

わたしたちは、子ども一人ひとりの特性に合わせた「通級型」の支援を通じて、課題のある子も同年代の子どもたち（社会）と常に関わりながら成長できるインクルーシブな環境を提供し、「社会のなかでの育ち」と「療育的支援を通じた育ち」を一貫して見取り・支援することで、教育・保育・療育の共存を実現します。

こんな思いを持って多機能型事業所「〇〇」を開設します。

募集要項After

■○○園てどんなところ？【幼稚園×療育】

当求人を閲覧いただきありがとうございます。

○○園は、2023年4月から○○保育園（認定こども園）が始める、「障がいを抱える子どもの発達支援（療育）をする施設」です。

お子様をお預かりし（親子分離）、隣接する園での活動への参加を中心に、必要に応じて個別の療育的支援をする学校の支援学級のような通い方をします。療育内容はその子の発達段階や特性によって個別的な療育カリキュラムを実践します。

集団生活と療育を通じて自己肯定感を育み、身辺自立や社会性も身に着けていけるように支援をします。

幼稚園（認定こども園）が隣接しているため、園庭や園内施設も活用できます。

対象児童年齢：主に2歳～5歳（未就学児）
定員：１日あたり10数名
療育支援時間：●●時～●●時

■202●年○月開園、オープニング
開園時期は202●年○月を予定しています。

こんなことをやってみたい、こんな施設にしていきたいなど、職員全員で意見を出し合いながらつくり上げていく施設です。子どもたちが楽しみながら成長できるよう、比較的自由にプログラムを考えることができます。

■小児経験がなくてもご応募可
現場では、療育経験豊富な保育士や専門家と連携して専門性を高めながらお仕事に取り組めますので、療育未経験でも大丈夫です！

言語聴覚士の資格をお持ちで「子どもに関する支援がしたい」という方、お待ちしております。

【こんな方を募集しています】
・言語聴覚士の資格を活かして働きたい
・子どもの可能性や個性、才能を伸ばしてあげたい
・一人ひとりの心に寄り添い、専門的な援助をしたい
・キャリアを積んでいきたい
・自分たちで仕事をつくり上げていきたい

【安心の就労環境で皆さんの働きやすさを重視しています！】
・充実の研修制度
・完全週休２日制
・各種社会保険完備
・産休・育休
・副業ＯＫ

【なぜ、幼稚園が療育を始めるのか？】

子どもたちにとって成長の中心である幼稚園や保育園は、小さな社会と言えます。一般社会と同じように小さな社会でも、さまざまな特性を持った人たちが生きていて、発達に凹凸のある（発達に課題のある）子どもは生きにくさを抱いています。

わたしたちは、子ども一人ひとりの特性に合わせた「通級型」の支援を通じて、課題のある子も同年代の子どもたち（社会）と常に関わりながら成長できるインクルーシブな環境を提供し、「社会のなかでの育ち」と「療育的支援を通じた育ち」を一貫して見取り・支援することで、教育・保育・療育の共存を実現します。

こんな思いを持って多機能型事業所「〇〇」を開設します。

【1日の療育の流れ（例）】
9：30〜10：00　受入・園庭で外遊び
10：00〜　療育（小集団）or 園のクラス活動に参加
12：00〜　昼食（幼稚園の自園給食）
13：00〜　療育（小集団）or 園のクラス活動に参加
14：00 お迎え　または　園の預かり保育へと移動

求人情報の基本は、仕事の詳細と、共感できる内容をしっかり伝えることです。Ｂｅｆｏｒｅの文章もしっかりと2つの基本を踏まえて書いてありますが、Ａｆｔｅｒのようにより具体的にしていくことで、求職者自身が働く姿を想像できるように説明することが大切です。

募集要項の文面は、職務内容さえ変えれば、一般社員であっても役職者であっても同じものを使用できます。

募集内容は常時からブラッシュアップし続ける

多くの人の目に触れるように、採用募集は複数の媒体に依頼するとうまくいきます。たとえば、ハローワーク、ジョブメドレー、インディードなどはおすすめです。媒体によって、文面を変える必要はありません。転用しても大丈夫なので、しっかりといいものを仕上げましょう。

大事なことは、募集の文面を1回つくって終わりにせず、反応を見ながらブラッシュアップし続けることです。

反応がなくてもあきらめないで、何度も書き換えてください。

可能であれば、採用案内は、募集をしていないときにもこまめに変更するようにしていきましょう。

そうすることで、急な募集が必要になったときにも対応できます。

わたしたちの場合も、3週間ごとに採用キャンペーンを行っているので、そのたびに差し替えたり、月に1回「採用ミーティング」を行うときに変更したりしながら、採用担当者が常にブラッシュアップしています。

反応がよくない案内は、1週間以上経っても人が来ません。一方、いい文面であれば、募集を出して1~2日後、遅くても1週間程度で反応があるでしょう。

何度もブラッシュアップし続けることが成功のカギ

募集案内のコツをつかめると、社員募集だけでなく、園児の募集にも活かすことができるので、ぜひ、何度も挑戦してみてください。

採用や募集がうまくいかない事業所は、募集のチャレンジの数が足りていないことがほとんどです。

募集が必要になったときに急遽作成して、一度きりでおしまいになってはいませんか？

掲載の媒体を増やす、文面をブラッシュアップする、採用情報の更新頻度を増やすなど、動きを活発にすることで、採用の結果も大きく変わっていきます。


わたしたちも、試行錯誤を繰り返しています。

最近では、通常150万円以上のコストがかかる責任者採用が、10万円以下のテキスト広告でできました。

募集要項、採用案内を整えていくことで、コストの負担も軽減できるのです。

いい人材の採用が、その後の良質な運営につながっていきます。

ぜひ、時間や労力を惜しまず、何度も挑戦してみてくださいね。

良質な人材を採用する設計に力を入れる

自社サイトで採用することが望ましい

人が足りない事業所ほど、採用の際に「これもやってみようかな、あれもやってみようかな」と、つい場当たり的なことを行ってしまいがちです。

採用のツールは、ハローワークをはじめ、求人媒体、タウンワーク、地域の求人媒体など、さまざまなものがあります。

いまわたしがメインで利用しているのは、オンライン上のインディードやジョブメドレーです。このサイトは、ＧｏｏｇｌｅやＹａｈｏｏ！　などの検索で上位に上がるようにしてくれる求人採用媒体なので、おすすめです。

次に必要なのが、ホイシルなど、保育園に特化した求人サイトを利用すること。

そして、先ほどもお話ししたように、もっとも大切なのは、自社サイトでの採用です。

どのサイトから見ても、どのツールから入ってきたとしても、最終的に自社サイトを見て応募してくれるように設定しましょう。


事業所が、藁にもすがる思いで人材紹介会社にお願いして採用した人が、辞めてしまうということも少なくありません。

これは、理念に共感して入社する人の比率が低いからです。

人材紹介会社が紹介してくれた人であっても、やはりずれが生じることもあるのです。


ですから、ホームページのなかに自分たちの想いやビジョンを入れ、さらにワクワクさせる要素を盛り込むと、応募する時点でロイヤリティが高くなるでしょう。

「あなたの保育園や児童発達支援が好きだ」

と思う人が応募に来てくれるので、ミスマッチを防ぐことができます。

自社の情報をしっかり掲載しよう

採用設計は、網の目のように必要な求職者に引っかかるようにすることが大切です。その網が、インディードやハローワークなどのいろいろなサイト媒体にあたります。

最終的には、自社のホームページから応募してくれるような流れにしましょう。

ホームページを見てくれても、その先に何もなかったら応募してもらえません。

自社サイトでは、自分の情報を細かく掲載してください。

①シェアードバリューコンテンツ

…自社の社会的な存在意義。求職者が自社で働くことによって、社会にどのような貢献ができるのか。

②ジョブディスクリプション

…業務の具体的な内容。

この2点をしっかりと押さえることで、
「わたしのやりたいことに近い事業所だ」
と思った人、理念に共感してくれる人が来てくれるようになりますよ。

採用サイトと自社サイトは分けたほうがいい

ちなみに、自社の保育園・児童発達支援を紹介するホームページと、採用するためのホームページは分けてつくるのがおすすめです。

ウェブサイトの文言も、求人の場合は、求人内容がわかりやすいようにつくっていく必要があります。

情報が混乱してしまわないように、採用サイトと自社サイトを分けましょう。

たとえば、同じ内容でも、

・採用サイトの場合

「一緒に地域を変えていきましょう」

「優しい社会をつくっていきましょう」

・**自社サイトの場合**

「相談に乗りますので、いつでも来てくださいね」

…というような、言葉の差が生まれます。

実際、少し言葉を変えるだけで、メッセージがガラッと変わりますよね。

とくに採用では、「一緒にやっていきましょう」という感じをしっかり出し、

「あなたの力が必要です」

「わたしたちとともに、一緒に支援していきましょう」

と伝えることが大切です。

わたしたちも、もともと採用サイトと自社サイトを分けていましたが、リブランディングしたときに一緒にしたことで、採用効果が薄くなってしまったという経験をしています。

改めて採用サイトを別に作成したところ、公開後3日で4件の応募がありました。

いま、サイトがひとつしかない場合は、ぜひもうひとつ、採用サイトをつくってみてください。

採用サイトでかならず伝えることとは？

求職者に優しい設計を目指そう

採用サイトでは、
・どんな人に来てほしいか
・大切にしている価値観、理念、ビジョン
などを明示してください。

そして、働く人向けに
「一緒に社会を変えていきましょう」

「地域を一緒に力強く変えていきたい」

ということを伝えていきましょう。


たとえば、わたしたち元気キッズでは、社会がまだまだ子育てをする人に対して冷たいと感じています。

ですから、せめて目の前の自分たちが関わることができるところだけでも変えていきたい。その活動に協力してくれる人に、来てほしいのです。

いかがでしょうか？　これは児童の募集でも同じです。

「ひとりで悩まないでください」

「一緒に考えていきましょう」

といったありきたりな言葉にすると、訴求力が落ちてしまうので、しっかり自分の価値観を打ち出していきましょう。

働くときの様子をイメージしてもらいやすくする

採用の場合は、想いだけでなく、ジョブディスクリプションをしっかりと見せることも重要です。

たとえば、働く時間やどんな支援内容なのかを、しっかりと示しておきましょう。

このとき、セラピストがいるのかどうか、集団で行うのか個別で行うのかなども記載してください。

・歴の浅い人には「技術がなくても想いの強い人に来てほしい」
・経験値がある人には「あなたの経験が活かせます」

というように、どんな人を求めているのかを伝えましょう。

詳細は、社員、保育士、セラピスト、パート…と分けておき、クリックして詳細が見られるように設定しておくのもおすすめです。

せっかくホームページを見にきてくれたのに、見る場所がわからないことで離脱させてしまうのは、もったいないことだと思いませんか？

しっかりと読み込んで理解してもらえるように、求職者に優しい設計を目指しましょう。

「インタビュー」欄を充実させる

職種ごとに掲載するインタビューで信頼度が上がる

働いている状況を見えるようにすると、信頼度が上がります。

たとえば、職種ごとに働いている人を登場させて、インタビューを載せるのも有効です。

わたしたちも、働いている人からの短い動画インタビューを自社サイトに掲載しています。


インタビューは、それほど長くなくてかまいません。
・働いてみてどうですか？
・やりがいは何ですか？
・どんなときが楽しいですか？
といった質問と回答を盛り込むのがおすすめです。

また、

「育休をとりました。育休中にもこんなことができています」

「子育て中ですが、シフト制で休みやすいので助かっています」

「仕事も楽しく、お互いを気遣い、みんなで協力しながら仕事をしています」

というように、来てほしいモデルとなる職員に、働きやすさをインタビューするのもいいでしょう。


わたしたちは動画を撮るとき、リアリティが伝わるようにあえてリハーサルせず、いきなり質問して生の声を聞くようにしています。

動画の場合、用意してきた文章を読み上げるだけでは好ましくありませんので、普段のその人の魅力が伝わるようにしましょう。


また、いいことばかりではなく、大変なことについてもインタビューしてください。

情報はバランスよく載せたほうが、信頼度も上がります。

もちろん、あまりにもネガティブな内容については、編集してしまってかまいません。

そのほか、待遇面については、動画よりテキストに載せておくほうが読みやすくなります。

チームの雰囲気を伝える

採用では、職場内の雰囲気がわかるものを載せましょう。

とくに、人間関係のことはみんなが気になる部分ですから、絶対に入れてください。

「しっかりと仕事に向き合いながら、わきあいあいと話をします。でも集中するときは、みんな真剣です」

「みんなが気を遣い合えるので、お休みをとりやすいところも助かります」

「子どものことに関する話は、とまらなくなってしまうんですよ」

「優しくて受容力の高い人に来てほしいのです」

こういった話から、職場の様子が伝わっていくはずです。

わたしたちのグループに入社する人は、

「お話で言っていたことと、ホームページの内容が本当にその通りでした」

と口を揃えます。

インタビューと実際に見学・体験したときの様子にミスマッチがあると、応募者から「あれ？」と違和感を感じられてしまいます。ここではウソがないようにしましょう。

いろいろな役職や世代を紹介しよう

ほかには、施設長レベル、主任レベル、中堅、新卒というように、いろいろな世代の人に登場してもらうことも大切です。

たとえば、「中堅社員にはこういう人がほしい」という場合、その理想像に合った人にインタビューするといいでしょう。

また、元気キッズでは男性も育休を取得しています。

時代のニーズに合っていてアピールできることは、どんどん出していきましょう。

採用のオンオフはしっかり見せる

こまめに掲示を変えて工夫しよう

採用情報は、いま必要な求人だけをしっかりと明示して、必要なくなればすぐに消すようにしましょう。

「いま、募集していないんだ…、でも気になるな」

という場合、定期的にサイトを閲覧していたときに、「募集中」となっていたら、応募したくなりますよね？

常に募集している状態では、「いつでも応募できる」と思われて、応募者側の優先度も下がってしまいます。そうならないように、こまめに掲示を変えていきましょう。

自社サイトの内容もわかりやすく掲載する

相手の視点で考える

自社の事業サイトにかならず入れることは、なんだと思いますか？

ひとつ目は、「どんな想いで取り組んでいるか」です。

元気キッズの場合、

「ひとりで悩まないでください。わたしたちは、みんなで考えていきたいのです」

「ぜひ、わたしたちに相談してください」

といったことをお伝えしています。


児童発達支援の場合は、藁にもすがる思いの人たちが多いので、

「いつでもお話を聞きますので、気軽に来てください」

と発信しましょう。

また、療育内容について、しっかりと明示することも大切です。

たとえば、

・過ごし方を想像できるように、園児の1日の生活の流れなどを載せておく
・子どもたちが過ごしている環境
・どんな支援をしているか
・どんな関わり方をしているのか

ということがわかりやすく明示されているホームページを作成しましょう。

たとえば、わたしたちの施設の元気キッズPSC（ペア指導型・保育所等訪問支援を行う事業所）では、小集団の指導方法と、保育所等訪問支援事業に力を入れている詳細をしっかり出しています。

事業者に見学に来ていただくために、どんな情報があったらいいか、相手の視点で考えて盛り込んでいきましょう。

問い合わせ先は明確に表示する

物を売る会社のサイトでは、どこから購入するのかが、明確に表示されていますね。

でも福祉の採用の事業所では、ただの情報開示のみで、問い合わせするためにどうすればいいのか迷ってしまうことが多いのです。

とくに、保育園・幼稚園などでホームページに力を入れていない施設では、どこに問い合わせをすればいいのかわからないケースをよく目にします。

利用方法、申し込み方法、一番大事な電話番号やEメールなどの情報を明示し、問い合わせしやすくなるように設計することが重要です。

サイトに掲載する内容のポイント

SNSを組み込もう

自社サイトの場合、新着情報も大切です。

サイトの更新や運営は大変ですが、インスタグラムなどのSNSを組み込んでしまうと、何かしら動いているホームページに見えるのでおすすめしています。

あちこち更新しなければいけなくなって、結局止まってしまうような状況にならないように、管理はラクなしくみにすることが重要です。

自社サイトで行わなければいけないことのひとつに、年度末アンケートの結果報告の掲載があります。

これは、児童発達支援事業所の義務です。

保護者の評価と、働いている人から見た事業所評価をしっかり出して、誰にでも見えるようにしましょう。

国（事務所のある都道府県）に報告する際に、「自社の○○に置いてあります」と言えることが大切です。

情報の開示で信頼度がアップする

情報を開示していないだけで不信感につながってしまうので、わたしはウェブでの掲載をおすすめします。

もし、評価が悪かった場合は、よくなるように改善策も一緒に掲示するといいでしょう。

自社サイトに載せる情報には、次のことがあげられます。

- 園としての想い
- 利用するまでの流れ
- 園での過ごし方

- ・写真をたくさん載せる
- ・とくに力を入れていること
- ・年中行事
- ・園の所在地、連絡先

また、代表の言葉と顔も載せましょう。

決まりがあるわけではありませんが、地域に根ざしていく覚悟があるなら、代表の顔写真は掲載したほうがいいでしょう。

責任者の略歴も載せたほうが信用はアップしますが、必須ではありません。

ほかには、地図を含めた所在場所と、連絡先（電話番号・メールアドレス）をわかりやすく載せましょう。

MESSAGE

代表メッセージ

仕事が楽しい！と思える会社です

「子どもたちの最高の笑顔があふれる保育園」を合言葉に活動をスタートした元気キッズ。信頼できる仲間に囲まれ、子どものための保育・療育にまっすぐ向き合える環境があるため、日々の仕事が楽しいと職員が笑顔になり、結果として子どもたちのたくさんの笑顔に囲まれる毎日です。「仕事が楽しい」「プライベートが充実！」と、自分の人生を楽しめるからこそ、真の子ども主体の保育・療育支援に取り組めます。そのような職場をともに作っていきましょう！

――― 代表取締役　中村敏也

児童発達支援の場合、電話で相談してくる人が多いので、電話番号があると親切です。連絡先の有無で、お問合せの件数が大きく変わりますので、かならず掲載してください。

写真を使用するときのポイント

自社サイトの場合、子どもを預けたらどうなるか、わかりやすい写真などがあるといいでしょう。

写真の情報は、「こんな事業所です」と表面的なことがわかるだけのものよりも、実際に支援しているイメージ、子どもと関わっている様子がわかるものにしてください。

時間軸や支援内容などは写真1枚でもいいので、ビジュアルでしっかりとイメージが膨らむように掲載しましょう。

たとえば、子どもたちと職員が一緒に遊んでいるような写真を載せるのもおすすめです。

ただし、かならず保護者に写真の利用許可をとってからにしてください。

許可をとるときは、同意書をきちんとつくり、どの写真を使用していいのかまでしっかり確認します。

同意書に記載してもらっただけで、勝手に載せてしまう事務所もありますが、それでは不十分です。

「この写真を使います」

としっかり確認してください。

ここで確認を怠ると、あとでトラブルにつながってしまうことも多いので注意しましょう。

児童発達支援を利用していることを隠したがるご家庭も多いので、写真を使用する際には細心の注意が必要なのです。

保護者の気持ちにも寄り添いながら、サイトを作成しましょう。

面接時に、採用してはいけない人を見極める

会社に入れてはいけない人材とは？

「いい人材」は、会社の文化によって違うものです。

会社組織に属する人、その会社の文化にとってどうなのかを見極める必要があります。

・いい人／悪い人

（※「悪い人」は、人間性の善し悪しではなく、会社にとって合うかどうかという意味です）

・できる人／できない人（スキルのあり／なし）

採用時に見極めるポイント

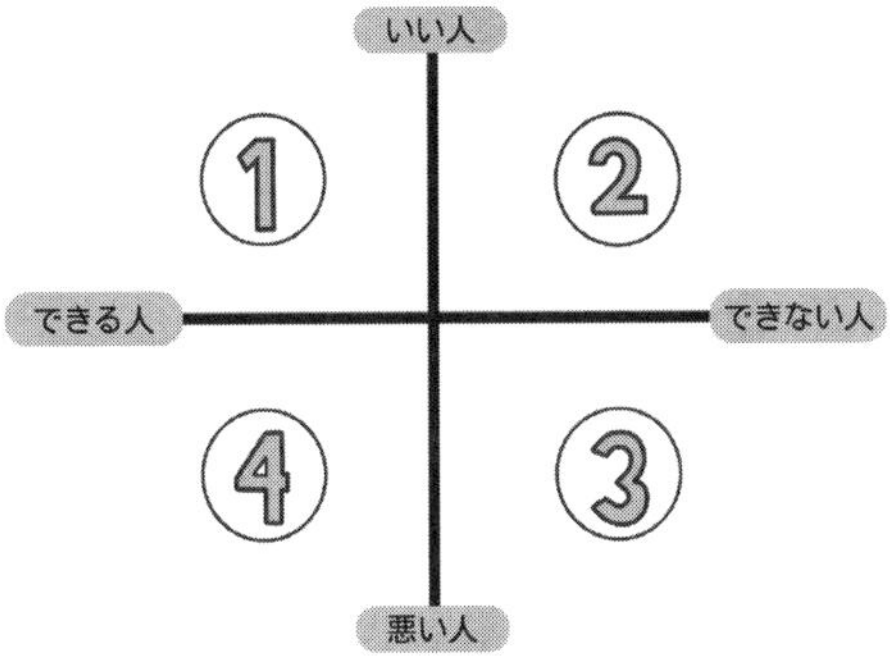

①（いい人／できる人）

…人柄もよく、スキルも高いケース

一番理想的な人材。一番評価されるべきタイプ

②（いい人／できない人）

…スキルは高くないものの、「人がいい」ケース

③（悪い人／できない人）

…スキルが低く、「人」も合わないケース

このタイプは、まわりの雰囲気で行動が変わります。会社全体で①②のタイプが多ければ、悪い影響を及ぼさないので、環境さえ整っていれば、採用しても問題は少ないでしょう。

④（悪い人／できる人）

…スキルは高いけれど、「人」が合わないケース

すぐに辞めてしまう、まわりの人と揉めるなど、一番トラブルになるのがこのタイプです。どんなによく見えても、採用は避けなくてはいけません。

面接の印象と、実態が異なるわけ

採用をする際は、とくに④（悪い人／できる人）のタイプの人に気をつけましょう。この人たちは、スキルもあり、経歴もしっかりしていて話し上手な人が多いため、面接時は一番よく見えるという特徴があります。

ただ、一見「できる人」なのですが、よくよく話を聞くと、前の職場の辞め方に問題があったりするものです。本人の話す内容をしっかり確認するようにしましょう。

もうひとつ気をつけたいのは、一番採用したい①（いい人／できる人）タイプの人はとても謙虚なので、面接時によさがわかりにくいということです。

人のよいタイプほど、

「わたしなんて…」

と謙遜するので、アピール上手な人と比べると地味に見えてしまい、よいところが伝わってこないものなのです。

採用したほうがいい人とは？

「いい人」から採用する

採用の際は、①（いい人／できる人）と②（いい人／できない人）の人を採りましょう。

②（いい人／できない人）は職歴が短かったり、施設長や管理職を経験してこなかったりした人たちです。

この②のなかには、控えめな①（いい人／できる人）のタイプの人が隠れていることが多々あります。ただ、これは面接の短時間ではわからないでしょう。

この人たちは、自分のポテンシャルの高さに気づいていない状態ですが、本当は①の場合、環境と教育が変われば、自然と力を発揮できるようになっていくはずです。

一方、完全に②のタイプの人の場合は、一生懸命育てても、あまり成長しないことも…。

ただ、職員全員が施設長や管理職を目指す必要はありませんよね。

子どもたちの支援が得意であれば、十分です。

また人柄のいい人が大勢いれば、会社の雰囲気が良好になるので、採用することには何の心配もないでしょう。

このようなことを総合して考えると、基本的に①②の「人柄がいいタイプ」の人の採用がおすすめです。

採用しないほうがいいタイプとは？

③（悪い人／できない人）のタイプの人は、基本的に待遇や処遇のよさを求めて入ってくる人たちです。自分軸が定まっていないので、能動的に動くことはないでしょう。
「この会社、なんだかよさそうなことをしているみたいだな…」

というモチベーションで面接に来るので、会話が通り一辺倒の浅いものになりやすく、面接官側も③（悪い人／できない人）のタイプには比較的簡単に気づくことができるでしょう。

採用を避けたいのは、仕事を待遇や条件だけで選んでいる④（悪い人／できる人）と③（悪い人／できない人）のタイプです。

わかりやすい③（悪い人／できない人）のタイプと違い、一見よく見えるのでわかりづらい④（悪い人／できる人）は、後々大きなトラブルの原因にもなるので、しっかり見極めていきましょう。

この4つの分類分けに、男女の違いはありません。

保育現場以外の会社にも通じるものなので、ぜひ、取り入れてみてください。

「不誠実な人」の採用を避ける

「モチベーショングラフ」から人柄を探る

④（悪い人／できる人）のタイプを避け、①（いい人／できる人）のタイプを見つけるポイントは、「誠実な人」かどうかを知ることです。

その人が誠実かどうかは、幼少期の思い出や、どのように人と関わってきたのかでも知ることができます。幼少期の経験や、人との関わり方のエピソードには、本人の人柄が出やすいのです。

そのために、元気キッズでは「モチベーショングラフ」を書いてもらっています。

これは、小学校・中学校・高校・20歳・30歳・40歳…その時々のモチベーションを数字であらわして、グラフにしたものです。

面接では、モチベーションが下がっている箇所の理由を聞き、転校が原因であれば、そのとき周囲の人とどんなやりとりがあったのかを聞く、というように使うことができます。

ここでのチェックポイントは、話しているエピソードのなかに、会社の理念や文化と重なる点があるかどうかです。

たとえば、わたしたちの組織では協調性を大切にしているため、思いやりや、人と一緒に物事をやり遂げることを大切にしています。

ですから、面接時に誰かと一緒に何かに取り組んだエピソードや、その人の思いやりを感じるエピソードがあると「いい人だな」と判断します。

そのほかに、挫折を感じた出来事についても有効なチェックポイントです。

挫折したときに、どのように乗り越えたかというエピソードを聞くことで、その人のポテンシャルが少し見えてくるでしょう。

もちろん、「モチベーショングラフ」にこだわらず、仕事のエピソードでもいいのですが、グラフにしたほうがその人の「行動」に焦点を当てやすいのでおすすめです。

モチベーショングラフ

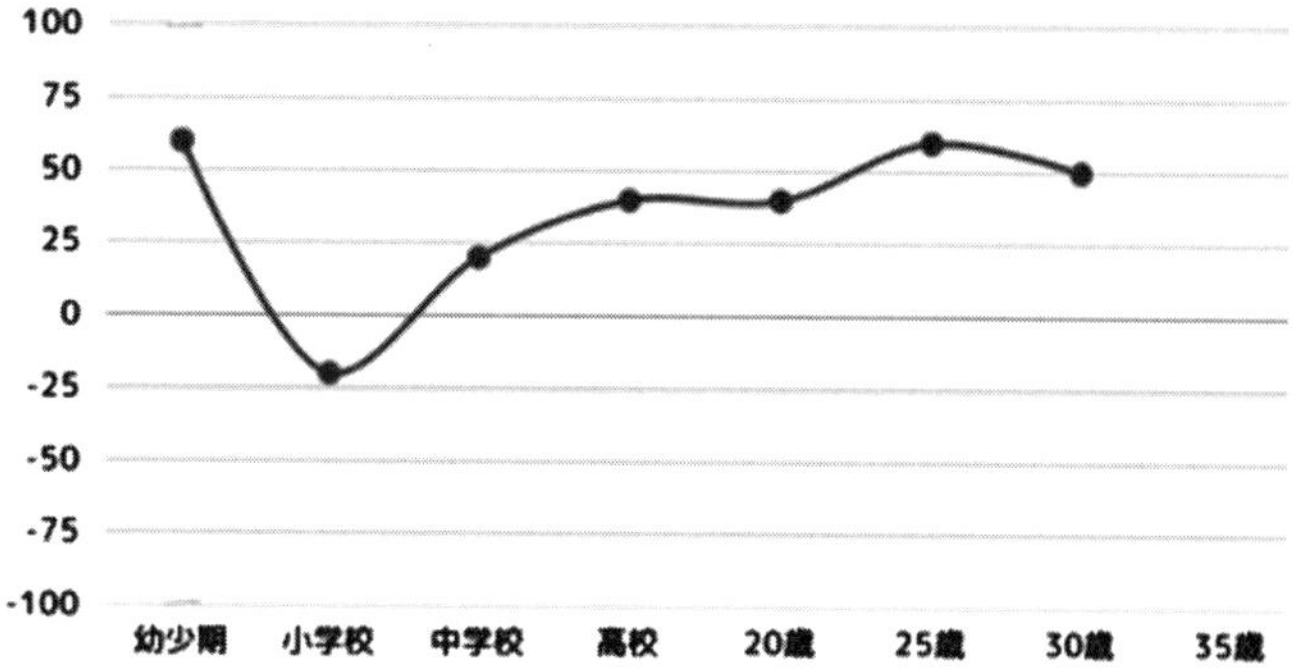

・モチベーションが一番高いときを「100%」
・モチベーションが一番低いときを「−100%」
　で数字にあらわします。

　グラフにすることで、どのような出来事でモチベーションが変化するのか、その人の価値観を知ることができるツールになるでしょう。

避けたほうがいい人のエピソードの特徴

④（悪い人／できる人）の人の回答にはある特徴があります。

・自分の話しかしない
・「自分がこう思ってこうしました。結果うまくいきました」という話になりがち
・こちらから「人と協力したエピソード」を質問しても、出てこない

こういったことにあてはまる人の場合は、採用はおすすめしません。

協調性のないタイプの人は、会社に入ると人間関係や雰囲気を壊しかねません。

もし、すでに、④（悪い人／できる人）タイプの人が社内にいる場合、どんなに優秀であっても、施設長や管理職にするのは避けたほうがいいでしょう。

③（悪い人／できない人）のタイプの場合は、あまり主張の強くない人が多いため、会社内に①②の「いい人タイプ」が多ければ、そちらに合わせて動いてくれるようになります。繰り返しになりますが、④（悪い人／できる人）の採用が、一番注意が必要なのです。

採用を避けたいのはタイプ④

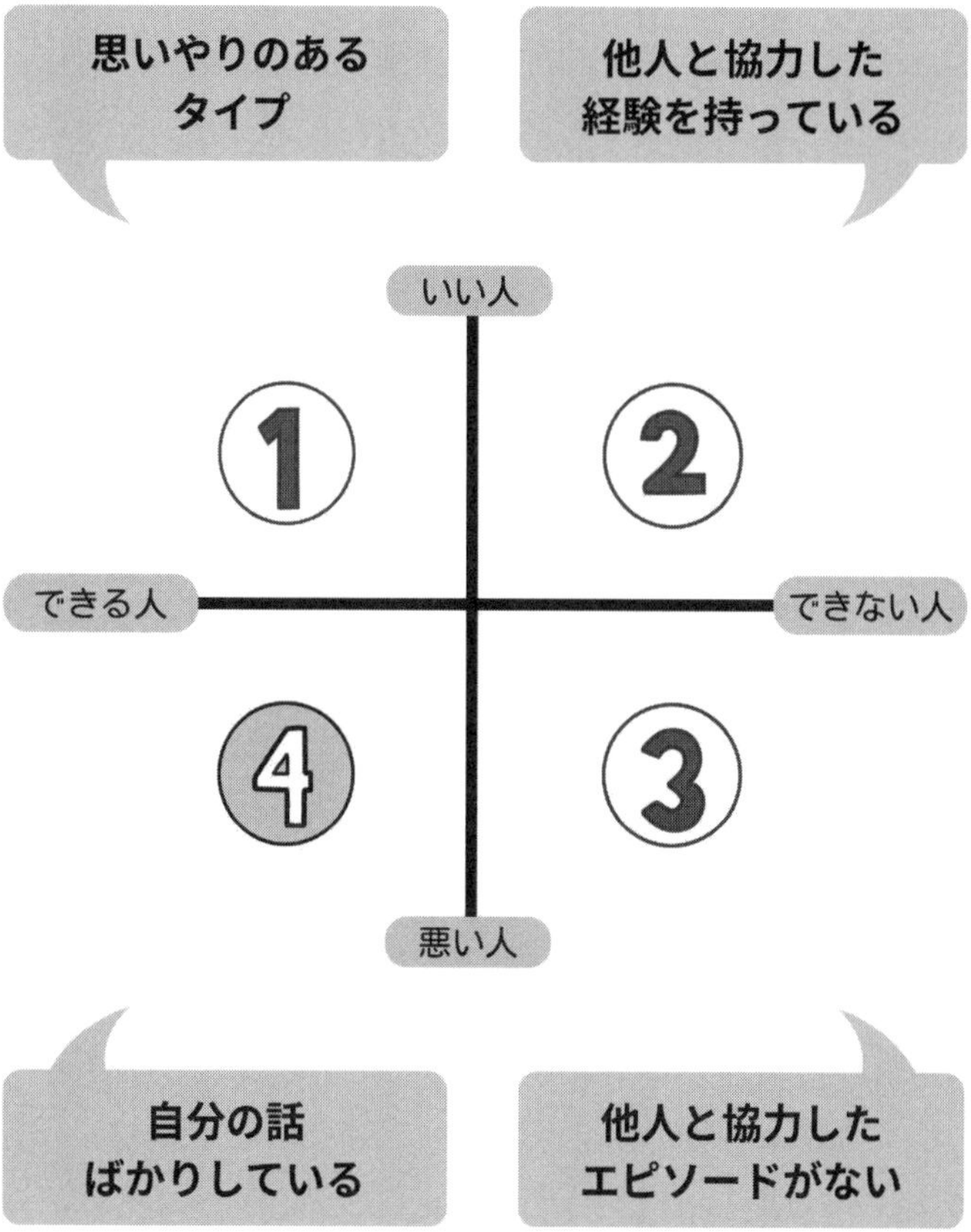

採用時は条件より「人」をよく見ること

転職は、回数より理由を確認する

転職が多い人のなかにも、いい人と悪い人がいます。

転職理由に納得できれば、転職回数の多さは問題ないでしょう。

たとえば、「これから新規事業を立ち上げたいからパワーがほしい」というときには、転職の多い、変化が好きな人・チャレンジ精神のある人は、もしかしたら適任かもしれません。

一方、転職理由を聞いて避けたほうがいいのは、誰かの悪口を言う人です。

「あまり言いたくはないのですが、こういうことがありまして…」

というように、常識のある返答であればいいのですが、あまり気にせずパッと悪口を言ってしまう人は、要注意です。

採用した場合、今度はわたしたちの事業所のなかで悪口を言うようになり、まわりの輪を乱してしまうかもしれません。

会社の雰囲気にマッチした人を採用する

面接時に、条件や待遇ばかり話す人にも注意が必要です。

採用するのであれば、

「仕事でやりたいことが、会社と合致している」

「やりがいを感じて惹かれた」

という人に来てほしいものです。

そういった姿勢がまったく見られない場合は、入社したあとのミスマッチ感にもつながります。採用を考えるときには、その人の人柄を重視して、会社にとっての「いい人」を見極めましょう。

先ほどの見極めポイントをしっかり押さえておけたら、採用面接は1回で十分です。

わたしの場合、1回30分、長い場合でも1時間以内に終わります。

また、拙著『保育園運営の教科書』（かざひの文庫）でも紹介していますが、元気キッズでは園のなかで一緒に働いてもらう「体験保育」も重視しています。

体験保育は、お互いにミスマッチ感がないかどうか確認できる大事な機会です。

このとき、現場の人たちにはあえていつも通りにしてもらい、

・体験中どんな様子だったのか
・質問をしてくるかどうか
・（質問をしてきた場合）どんな質問だったのか
・子どもとはどんな接し方をしていたのか
・ずっと「お客様」のような状態ではなかったか

といった点を見て、最終的な判断をしていきます。

会社に馴染めるかどうかを知るには、普段の現場の空気感に触れてもらうことが一番なのです。

お互いにミスマッチが起きないように、自然体の状態で接する機会をつくりましょう。

5章

療育のプロが育つ
マネジメント

目標管理シートをつくる

目標があると、行動が変わる

マネジメントにあたっては、どの部署でも、3ヵ月か半年に一度、施設長が職員と話す時間を設けています。

このときは、

・教室のためにどんなことに貢献できるのか
・自分自身がどのように成長していきたいか

という内容をヒアリングするといいでしょう。

そのために、わたしたちの事業所では「MBO目標シート」というものをつくっています。

（※MBOは、management（管理）by（〜による）objective（目標・目的）の頭文字からとった名前です）

ＭＢＯ目標シートは、児童支援計画書と同じように「半年後の目標」を立てて、「そのために繰り返し取り組むこと」を書くものです。

そのシートをもとに、面談ほど重くはなく、近況や目標について話をしていきます。

「楽しく仕事に取り組めています」

「忙しくて、目標について忘れていました」

というように、反応はさまざまですね。

このとき目標に対する進み具合や取り組む姿勢については一緒に振り返りますが、目標や進め方については、

「もっとこうしたほうがいい」

と口出しをしないように意識しましょう。

たとえば、

「ウクレレを弾けるようになったら、子どもたちが喜んでくれるはず」

という目標を立てた職員がいたときは、内心

「これは挫折しそうだなぁ」

と思ったのですが、それでも本人の思う通りにしてもらいました。

実際、うまくいかなくてやめてしまったのですが、その後は突飛な目標を立てなくなりました。

このように、目標設定は、本人のトライ&エラーが大切なのです。

事業所によって目標に対する動きに個性が出る

毎日忙しいと、日々に追われて過ごしてしまいがちですよね。

でも、毎日絶対にしなくてはいけない子どもたちのこと以外にも、何か目標があるのとないのとでは、職員の動きも変わってきます。

目標に対する意識と行動は、施設長のタイプでも分かれます。

たとえば、1ヵ月に1回くらい

「がんばってる?」

と声をかける施設長の場合、

「わたしも事業所の一員として、何か役に立つようにがんばろう」

というマインドの職員が育っていきます。

一方、施設長が
「うっかりしてた！　もう3ヵ月経ったから面談しよう」

というタイプの施設では、

「この施設長を支えてあげなくちゃ」

という和気あいあいとした雰囲気になっていくのです。

「達成した」という喜びを積み重ねていこう

自己評価の結果は、5段階で
1…80％の力しか出せず、怠けてしまった
3…100％の力で、さらっとできた
5…120％以上の力を出し切れた
という感覚を基準につけてみましょう。
慣れるまでは目標の設定や振り返りを面倒に感じることもあるかもしれませんが、子ども

たちの個別支援計画書が立てられるなら、自分の計画も立てられはず。

個人の能力が上がったり、施設全体でコミュニケーションをとるツールになったりするものですから、ぜひ、取り組んでみてください。

ひとつずつ達成できたことが積み重なっていくうちに、取り組みも苦ではなくなっていくはずです。

合わせてコミュニケーションをとっていく

日頃から施設長と職員の距離が近い場合、毎日会ってコミュニケーションをとっているので、長く面談時間を設けなくてもいいでしょう。

元気キッズでは、15分くらいを目安に、次のようなことを、タイプに合わせて行っています。

・ルールがあったほうが進めやすい人の場合は、シートを見ながら、やることをひとつずつ確認する

・自由なほうがいい人は、世間話の延長で、口頭で進捗や目標を確認する

また、面談以外にも、「何かつらそうだな」と感じる場合は、話をする時間をとることもあります。

保育士は「面談」という形に身構えてしまう人が多いので、きちんとした場所と時間を設けるよりは、ほかに人がいないときに声をかけたほうが話しやすい人も多いかもしれません。

どんなにいい施設、施設長でも、合う・合わないはあるものです。

もし環境を変えられる選択肢があるのなら、別の施設や部署に異動をしてもらうことで改善できることも多々あるでしょう。

児童発達支援 元気キッズ
目標設定シート(MBO)

【児童発達支援 元気キッズ理念】

・一人ひとりの心に寄り添い、個人の発達状況に合わせた援助をする
・子どもたちの豊かな未来への基礎づくりができるようにする
・保護者が安心して預けられるよう、安全な環境づくりに努める
・職員一人ひとりが児童発達支援事業所の職員として自覚を持ち、お子さんと関わる

【個人目標】

指導・支援①

ToBe

How

指導・支援②

ToBe

How

所属・名前

【SHUHARIメンバーとして目標】

・挨拶をきちんとする、礼節、人の話を聞く、自分の意見を勇気を持って伝える
・専門知識の向上(保育・療育に関する専門性を高める)
・プライベートの充実
・関係機関連携(相談支援事業所・他療育機関など)
・保護者支援
・地域の人と仲良くする(地域資源の活用)

業務・運営面

ToBe

How

反省・感想(半期)

反省・感想(最終)

<達成自己評価>

指導・支援①	6	5	4	3	2	1
指導・支援②	6	5	4	3	2	1
業務・運営面	6	5	4	3	2	1

※達成の評価
達成できた場合6　達成できなかった場合1　とする
※目標の設定目安
6→130%の力を出して達成できる
4→100%の力で達成できる
2→50%の力で達成できる
ToBe→具体的な状態像・定量評価できる目標
How→目標を実現するためのアクション・手立て

上長コメント(半期)

上長コメント(最終)

期間設定
MBO　上期4月～9月
下期10月～3月の年2回で運営します!

施設内ミーティングは、どう実施していくか

1時間のミーティングが理想的

施設内ミーティングの頻度は、各事業・各所施設によって違います。とくに決まりはないので、施設に合わせて行うのが一番です。

・週に1回か2週間に1回定期的に行う
・年間行事やトラブルなど、ミーティングが必要なときに適宜行う

というように、職員・児童・保護者に合わせて実施してください。

元気キッズのミーティングの場合は、園の運営の話よりも、子どもに関する内容について話し合っています。

・個別支援計画を立てるために、子ども一人ひとりの共有事項の確認

・その子の個別支援計画書の目標に対するアプローチが、合っているかどうかの確認とアプローチ変更の有無
・誰かが持ち込んだ議題に対する研修（虐待研修など）
こういったことが、テーマとしては多くなっています。

施設内のミーティングの時間は、1時間ほどが理想です。
とくに職員・パート全員で話したいときは、時間に制限のある人が多いパート職員への配慮が欠かせません。どんなに長くても90分が限度でしょう。

また、人の集中力は2時間くらいが限界と言われています。
それ以上になると質が落ちてしまいますし、定期的に行う場合、現場の負担になってしまうでしょう。

職員だけのミーティングや施設長ミーティングの場合も、2時間を超えないように意識してみてください。

年間目標の掲げ方

目標を達成するための目標管理をする

「OKR」という言葉をご存じでしょうか？

これは、「Objectives and Key Results」の略称で、個人や組織の目標設定のための管理方法のひとつです。


元気キッズでは、年度はじめに事業計画を立て、目標を設定しています。

各施設のOKRでは、目標をより具体的に数値化して、達成していく方法を決めていきます。


保育や福祉は営業職と違い、数値化がとても難しいものばかりです。

でも、目標を達成するためには、具体的な「数値化」は欠かせません。

ここからは、実際に元気キッズで使っている表を例に、目標のつくり方を見ていきましょう。

目標は数字に落とし込むとうまくいく

ＫＰＩ（数値目標）は、目標を達成するために必要な取り組みを数値に落とし込んだものです。

たとえば、「稼働平均12人」や「ヒヤリハット（事故に至る可能性があったこと）に1日1件以上気づく」というように数値化していきましょう。

このとき、1ヵ月ごとだけでなく、四半期ごとに取り組みを細かく分けて、計画していくのがおすすめです。

数値化することで、行動や確認がわかりやすくなるでしょう。

また、取り組みにはそれぞれ「鍵」となる担当者をつけましょう。

担当者をひとりつけることで、「自分が主体的に取り組まなくては」という職員の意識も上がります。

進捗を確認する際も、しっかり数値で確認し合えるようになるとコミュニケーションも円滑になるでしょう。

たとえば、稼働率は、達成できない月もあるものです。

ただ、目標を意識して動いていたら、曖昧にはなりません。達成できなかった理由と現状がわかりやすいので、対策も打ちやすくなるでしょう。

また、新しいスタッフもOJT役の人と一緒に担当に入ってもらうことで、スタッフの育成にもつながります。何か役割があることで、主体的に動けるきっかけづくりになりますよ。

「数値化」「期日」「人」を決めることが目標達成につながる

繰り返しになりますが、基本的に保育は目標の数値化が難しいうえに、数値化が苦手な保育士も多いものです。

でも、数値化ができれば、月の取り組みを「やり切る」意識が生まれ、目標も達成しやすくなります。

たとえば、

「交流会の参加目標が21名で、いま16名だからあと5名がんばろう」

というように考えやすくなるのです。

目標を決めるために、「目標を数値化」し、「期限」も明確にしましょう。

また、鍵となる担当者の設定も大切です。

・次期施設長として責任を持たせたいから
・療育全体のことを学んで成長してほしい
・入ったばかりなので、現場に馴染んでほしい

というように、意味合いを考えることが大切です。

たとえ施設全体で取り組むことであっても、「全員で行う」と設定すると実行力が下がってしまいます。どのような取り組みであっても責任の所在がわかるよう、ひとり施設長をかならず決めましょう。

年間目標の立て方（例）

Objective(目的)			
いまできることを常に模索して、挑戦していく教室をつくっていく （保育・支援内容について） （職員の質向上について） （保護者支援や地域とのつながり）			
Key Result（鍵となる成果）	担当者	KPI （数値目標）	期限
新入所のお子さんのアセスメントや 新たな集団づくりを安全に、 稼働を安定させながら築いていく	Aさん	稼働平均12名	4〜6月 まで
集団に少し慣れてきた時期なので、 疲れやケガ、事故、感染症などに留意 していく	Bさん	ヒヤリハット （気づき） 毎日1件以上	7〜9月 まで
コロナ禍でもできる保護者支援！ 地域支援！ 開かれた教室づくり	Cさん	月1回は交流会	10〜12月 まで
計画的に、年度納めと年度初めに向けて 事前準備をしていく	Aさん	準備にかける 残業0時間！	1〜3月 まで
成果に近づく（日々の習慣）			
・毎月のＭＴＧで目標設定を全員で実施していく ・日々の支援のなかでの気づきは、小さなことでも大切にすることで、即改善 →可視化を実践する			

定期的なアンケートを行う

アンケートで人の様子を見渡す

大きな施設や複数の事業所がある場合、どうしても全体を見ることが難しくなっていきます。そのために行っているのが、半年に一度程度の職員へのアンケートです。ラインワークスのアンケート機能を使うと、比較的ラクに行えるでしょう。


とくに中途採用の人は、新しい環境に慣れるまでは、

「前の事業所ではこうだった」

というモヤモヤを感じてしまうものです。

慣れるまでは、丁寧にフォローする必要があります。

中途採用が多い時期は、1ヵ月半・2ヵ月に1回くらいはサポートができるように、全体へのアンケートを行うといいでしょう。

働き方アンケート（例）

	回答者①	回答者②	回答者③
1.トライアル期間にトライアルはしましたか	した	した	した
2.1で【した】と回答した方は、何のトライアルをしましたか	時間変更（本来の勤務時間からずらして勤務）	時間変更（本来の勤務時間からずらして勤務）、在宅ワーク	時間変更（本来の勤務時間からずらして勤務）
3.トライアルをしてみてメリットをご記載ください	1時間早く出勤し指導準備にゆっくり時間をかけることができた	在宅でオンライン研修に参加することで、集中して受けることができた	いつもより、時間配分を意識して仕事ができる。休みをとらなくても私事に対応
4.トライアルをしてみてデメリットをご記載ください	特になし	早く出勤した職員が朝の掃除を終わらせていた。トライアルでは、ひとり1回は時間変更をしていたので平等ではあったが、状況によっては負担になると思う	時間帯によって他の職員にお願いしなければならない業務がある
5.今後も、働き方改革の導入を望みますか	どちらでもよい	どちらでもよい	導入を望みます
6.【施設長のみ回答項目】週何日くらいの勤務時間の選択や在宅ワークが理想だと思いますか	―	―	―
7.【施設長のみ回答項目】在宅ワークは1日何時間くらいであれば導入しても問題がないと思いますか	―	―	―
8.その他気になったことやご意見がありましたら、ご自由にご記入ください	―	―	―

職場環境アンケート（例）

	回答者①	回答者②	回答者③
仕事で悩んでいることはありますか	ある	ない	ない
「ある」と回答した方はどんなことで悩んでいますか	職員間の療育の方向性の共有		
職場の雰囲気はどのように感じていますか	いいと思う	普通だと思う	いいと思う
あまりよくないと回答した方は、どんなところが居心地が悪いと思いますか			
残業は多いと思いますか	少ない	普通	普通
サービス残業や持ち帰り仕事はありますか	ない	ある	ない
業務量は多いと思いますか	少ない	多い	適正だと思う
有給は取得はできていますか	希望通り有給がとれている	希望通り有給がとれている	希望通り有給がとれている
仕事や人間関係などお悩み、保育以外の仕事で不安や困っていることがあればご自由に入力してください	なし	なし	なし
自分がやりたい業務はどんな業務ですか	全体発達を支えるために専門性を生かすこと	いま行っている業務です	淡々と行える仕事
自分がやりがいを感じることはどんな業務ですか	幼児期に特化した療育	指導している子ども達の成長を感じられること	お子さんの心を開く！　楽しいね！を共有する。単純な事務作業はゴールが

クセの強い人と一体感を持って取り組む

やる気をうまく受け入れていく

個性の強い職員がいた場合、「クセの強い人はやる気がある証拠」と思って向き合うのがおすすめです。

多くの場合、本人のやる気がありすぎて前のめりになっていることで、「クセが強い」と感じているだけなので、まわりに害がなければ、最初は受けとめていくところから始めましょう。

「まあいいか。それもいいね」

と共感し、願いを叶えていくうちに、相手も心を開いてくれて、過剰なやる気や気負いが落ち着いていきます。そうすると、次第に施設もうまく回っていくようになるでしょう。

まず、マネジメント側が許容の幅を広げていくことを意識してください。

許容するラインは設定しておく

もちろん、職員の要求をすべて叶えていいわけではないので、次のような基準を持っておくことは大切です。

◎受け入れてもいい要求

・「子どもたちに対して、よりよいことをしてあげたい」
・「事業所をよくするためにこうしたい」

という思いからの意見は、基本的にはどんな方法であっても、一度は受けとめるといいでしょう。

本人のやる気にもつながります。

× 受け入れてはいけない要求

・大人にとって都合がいいこと
仕事をサボる、ラクをするための意見は不要です。

どんなに子どもたちへの接し方が上手でも、子どもを理由に自分の仕事をサボろうとする人は長くは続きません。

逆に、不器用でも「子どものために何かしてあげよう」という人、一生懸命な人は長く勤めてくれる傾向があるでしょう。

ケースによって対応の仕方を変える

・職員間で言い合っているように見えるケース

保育は一人ひとり正解がないものです。ですから、クセの強い人たちが意見を言い合う「わたしはこう思う。こううながしている」という話し合いは悪いことではありません。真剣にディスカッションをしているのだと受けとめるのがいいでしょう。

ただし、相手を否定したり相手の意見を聞かなかったりする場合は、介入が必要です。

・上司の悪口や仕事の不満を言ってしまうケース

人数が少ないと見かけませんが、大人数になるとこういったケースも出てきやすくなります。この場合は、しっかり場所と時間を設定して「呼び出す」ことが効果的です。

「『こういうことを言っている』という話をいくつも聞くけれど、実際どうなのですか？」と話を聞いても、大抵は「そんなことは言っていません」と言われて終わってしまうので、「そういうつもりがなくても、そう思われるようなことをしているなら、注意はしなくちゃいけませんよね」

と伝えていきましょう。

（例1）

「前の職場ではこうだった」と自分のやりやすいように、いまの職場のルールや文化を否定してしまうケース

（例2）

「毎日お散歩すると子どもが疲れちゃうよね」と言っている職員本人が、疲れるから行きたくないというケース

こういった言動は、まわりの士気を下げてしまうので注意しましょう。

マネジメント側がOKとNGの線を引きながら、職員と向き合うことが大切です。

保育士たちを、いかに療育のプロとして育てるか

本人が「できた」と思えることを増やしていく

職員ができていることに対して
「合っているよね」
と伝えて、経験と自信を積み重ねてもらうことが大切です。
また、ほめるタイミングも重要で、本人が「できた」と思えたタイミングで声をかけられると、どんどん向上していきます。

ほめ方によっても、相手の受け取り方が変わります。
×「関わり方が上手になったね」
このような漠然としたほめ方では、相手にはあまり響きません。
◎「○○くんと遊んでいるとき、○○くんいい表情していたし、上手だったね」

これくらい具体的に言うと、相手にも何がいいと思ったのかが伝わりやすくなるでしょう。

また、誰が言うのかも大事なポイントです。

普段あまり施設に来ない上長からほめられるよりも、施設長から「上長がこう言っていたよ、いつもがんばっているからだね」と言ってもらえたほうがうれしいものです。

頻繁に現場に出られない代表やトップの場合、職員を直接ほめるよりも、施設長に伝えて、施設長から職員をほめてもらえるようにうながすのもおすすめです。

子どものペースに巻き込まれない

療育と保育の違いを明確にする

職員には優しい心を持っていてほしいのですが、あまり子どもに引っ張られすぎてしまうと、間違った学習につながってしまうことが多いので、注意が必要です。

先生として、大人として「これは、こういうものだ」という芯を最後まで貫き通すことが一番大切です。

泣き声にも屈したりせず、多少バタバタしても動じないようにしましょう。

また、療育の現場では、いまこの子ががんばることで、1ヵ月後、3ヵ月後に、この子にいいことがあると信じて、アプローチができるかどうかがとても大切です。

がんばらなくてはいけないことに直面している子は、泣いたり怒ったりすることも多いのでしょう。

でも、それを「かわいそう」と思うのは、一生懸命やっている子どもに対しても失礼なことです。また、そんな大人の心の揺らぎが子どもに伝わると、成長につながりにくくなってしまうこともあります。

子どもの成長は未知数です。いつ結果が出るのかはわかりませんが、

「これができるようになることで、この子の人生が豊かになる！」

と信じて関わり続けましょう。

子どものしあわせにつながると信じて行う

とくに療育に慣れていない新人には、

「いまは大変だけれど、こういう成長につながることを信じてやるしかないよね」

と声をかけながら、取り組んでもらいます。

たとえば、保護者と離れて悲しくて泣いてしまう子に対しても、

「泣くほど悲しいいんだね。かわいそうに…」

と共感するのではなく、

「おかあさんと離れても楽しいことを見つけられるようになったら、もっと楽しい時間が増えるよ」

というように、プラスに転換して考えられるよう、職員同士でも、声をかけ合っていきたいですね。

マネジメントをするうえでは、教えすぎないことも大事なポイントになるでしょう。

可能な限り、職員に考えて動いてもらい、結果が出たときに

・うまくいったときは「どうだった？　よかったね」と声をかけ

・うまくいかなかったときは「わたしなら、こうするかなぁ」とひと言ヒントを伝える

という関わり方が理想的です。

マネジメントをする側も、見守りとうながしのバランスをとる。共感をしすぎず「人は人、わたしはわたし、あの人はあの人」というくらい適度な距離を保てるといいですね。

根本では、療育もマネジメントも似ているところがあります。

特定の誰かがいなくても成り立つように、相手を信じて育てていきましょう。

子どもの成長をサポートする関わり方

○	×
・「これができれば、人生が豊かになる」	・「泣くほどツラいなんてかわいそう」
・「いまはツラくてもこの子の成長につながっているはず」	・「そんなに嫌なら仕方ない」と、ゆずってしまう
・間違った学習をしないように、泣き声にも屈しない	・「泣いたり怒ったりしたら願いが叶う」という間違った学習をさせてしまう

6章

施設の稼働率を最大にするには？

児童発達支援は、地域に認知されることから始める

まずは地域の福祉関係の窓口に挨拶をするところから

児童発達支援は、「障がい福祉サービス」というくくりのなかのひとつです。

この障がい福祉サービスは、障がい児支援利用計画にもとづいて受けられるものなので、学習塾などと違い、個人と園の直接契約では進められません。


サービスを提供するためには、行政を介する必要があるため、まず、行政から認知してもらうことが必要になります。

ここで、うまくいくポイントは、

「地域の福祉支援の仲間になりたいです。よろしくお願いいたします」

という気持ちと姿勢で、参加することです。

まずは、事業所を立ち上げる前に、地域の福祉関係の窓口にご挨拶をして、地域との関係性づくりから丁寧に始めましょう。

「地域のため」というストーリーを大事にしよう

すでに保育園などを運営しているのなら、児童発達支援も同じ市内・同じ地区で行うのがいいでしょう。可能なら隣接するほど近い場所がおすすめです。

「地域のために支援をしたい」

と言っているのに、たとえば1園目が埼玉県で2園目が東京都など、まったく違うところで事業所をつくっては、説得力がなくなってしまいます。

近くに事業所をつくることで「地域のため」というストーリーが伝わりやすくなり、園児の募集や社員の採用などでも、地域の理解を得やすくなるでしょう。

相談支援事業・保育所等訪問支援など複合的に行うほうがいい

現場への支援が一層求められている

近年では、「つながりのなかでよい保育をすること」が必要とされてきています。

そこで、注目され始めているのが保育所等訪問支援です。

保育園・幼稚園・小学校・学童・児童養護施設などさまざまな機関が、発達に課題のある子どもたちへの対応に悩んでいます。でも、だからといって「これはこうしてください」と通り一辺倒のやり方を押しつけても、現場はうまくいきません。

ですから、発達の課題で困っている子どもたちに対して公的配慮ができるように、「現場のお困り事を解消していこう」と一緒に考えていく、介入型の支援が求められているのです。

これからの時代、障がい児支援利用計画を立てられる存在や児童発達支援事業所は、ますます不可欠なものになっていくでしょう。

地域との信頼関係を築くことで「なくてはならない事業所」になれる

支援や介入は、自社のサービスを利用させるためのものになってはいけません。保育園・幼稚園・小学校・学童・児童養護施設などさまざまなところとつながりを持ち、忖度なく、子どもたち一人ひとりに合った療育を計画し、実現させていく。そんな児童発達支援事業所をつくっていきましょう。

そのためには、自分たちがすべてを行うという独占型の運営ではなく、「地域の人・園・学校などとのつながりのなかで、いい療育をする」という考え方を持つことが大切です。地域とつながれる事業所になると、認知度も信頼も上がり、「なくてはならない事業所」になることができます。

事業所の運営に限りませんが、独りよがりで、自分だけが得をしようとすると、どこかでかならず失敗してしまうものです。

まわりの人たちに必要とされる存在になることが、結果的に、会社組織の発展につながっていきます。これから、児童発達支援事業所をつくるのであれば、最初から複合的に考えておくといいでしょう。

必要な人に知ってもらうために、マーケティング力を身につける

認知を拡げることが存続につながる

福祉の世界でありがちなのは、

「いいサービスを提供しているのに利用者が少ない」

「とても素敵な活動をしている事業所なのに、存続できなかった」

というパターンです。

この原因はとてもシンプルで、

「とてもいいサービスを提供していることを、まわりが知らなかった」

ということに尽きるでしょう。これは、とてももったいないことです。


事業所を運営し、存続させるためには、自分たちが真剣に行っているサービスや活動内容を、まわりに伝える努力も必要になります。

地域に認知を広める秘訣は、「紙」に力を入れることです。

もちろんホームページも大切です。ただ、そのホームページを見てもらうには、きちんとした紙のチラシ、おたよりなどが欠かせません。

チラシをつくるときは、事業所がどこにあるのか、どんなことをしているのかをわかりやすく載せること。図や写真などを入れて、見た目の伝わりやすさにもこだわりましょう。

事業所やサービスを知ってもらうには、Ｇｏｏｇｌｅなどのウェブ広告や新聞の折り込みチラシに載せたり、地域の福祉サービスにチラシを置かせていただいたりと、さまざまなことを試してみてください。

マーケティングには、まず、ホームページ・チラシなど、ひと通りの手法を揃えておくことが不可欠なのです。

情報は見やすく掲載する

一例として、わたしたちの事業所のホームページ「どんなＧＥＮＫＩもうけとめる元気キッズ」（https://genki-kids.net）をご紹介しましょう。

「わたしたちの保育について」という項目のなかには、
・元気キッズ保育部
・元気キッズ児童発達支援部
・子どもの発達でお悩みの方
といった3つの内容があり、真ん中の「児童発達支援部」のなかに入っていくと、さらに詳しく見ることができます。

どんなことを行っているのか、子どもと関わっている様子の写真と言葉で提示して、わかりやすい内容を心がけています。

また、児童発達支援の内容や1日の流れも掲載し、次に、「発達支援施設一覧を見る」をクリックすると、どこに何があるのかをわかるようにしています。

このように、しっかりと情報を載せておくことで、保護者や自治体への紹介、採用にも使用することができるでしょう。

福祉の場合、いいことをするだけで終わってしまっているケースが多々あります。

ぜひ、自分が行っている活動を発信して、必要な人に情報が届くようにしてくださいね。

児童発達支援事業の運営について

稼働率を考える必要性

児童発達支援事業を運営していくにあたり、もっともお伝えしたいことは、
「稼働率を考えてほしい」
ということです。

もともと児童発達支援事業は、85%くらい稼働しないと運営が成り立たない事業モデルです。

ですから、100%は確実に維持できるように稼働させなければいけません。

なぜ、稼働のことばかり言うかというと、必要とされる子どもたちに、大切な社会資源を届けなければいけないからです。

稼働することによって、利用者が安心して利用できるようになり、社会への責任を果たす

ことにもなります。

稼働率を上げることは、子どもたちが事業所に通える場をつくり、少しでも多くの人たちの手にサポートが届くようにすることだとも言えるでしょう。

また、質の高い職員や、質のいいサービスを提供するには、安定的な稼働が不可欠です。だからこそ、職員たちに、なぜ稼働が必要なのかをしっかりと伝えてください。

職員が運営面やマーケティングのこともしっかりと意識していかなくては、うまくいかないのです。

「稼働率が上がる＝支援で救われる人が増える」と考える

多くの人に利用していただけるから、運営を継続できる

繰り返しになりますが、事業所を存続させるには、最低でも「85％稼働」が必須です。そして、さらに事業を発展させ、長く継続させていくには、100％稼働を維持継続していくことが必要になってきます。

とはいえ、ただ「運営のため」「事業所のため」という理由では、人はがんばれないもの。運営者や職員がその意識のままでは、100％の稼働を実現することは不可能でしょう。

一方、「利益のため」ではなく、

「このサービスをもっと多くの人に利用してほしい」

「支援を必要としている人に、ひとりでも多く知ってもらいたい」

という意識で働けるようになると、運営はどんどんよくなっていきます。

職員に、

×「稼働率が上がる＝儲かる」

◎「稼働率が上がる＝支援を受けられて、救われる人が増える」

このように認知してもらうしくみづくりが、事業所運営ではとても大切です。

ミーティングでは毎回、稼働率を確認する

元気キッズでは、月1回のミーティングのたびに施設ごとの稼働率を確認しています。

わたしたちの場合は、あらかじめ会議用に確認フォーマットを用意しておき、施設長に空欄を埋めてもらうようにしました。

これは、自分で稼働率を調べて記入するという行動を通じて、数字を確認する習慣を身につけてもらうことが狙いです。

たとえば、翌月の稼働率は、翌月の営業日から算出します。

もし月22日で10人の予定であれば、（22日×10人＝220人分の支援）が100％の

また、稼働率の大切さを認識してもらう必要はありますが、直接的に「稼働率を上げろ」と言わないことも大事なポイントです。

そのような方法ではなくても、たとえば、稼働率の数値が高い施設に対して、
「すごいね！　いいね！」
とほめることで、稼働率は上げたほうがいいものなんだと認識してもらうことができますし、モチベーションも上がるはずです。

強要するのではなく、認識を自然に浸透させていきましょう。

事業所の運営のために押さえるべき数字

そのほかの項目も、運営には欠かせない数字です。

たとえば、ご家庭の事情を考えると待機児童数がなくなることが理想的ですが、なかなかうまくいかないのも実情です…。

事業所で大切なのは、待機児童の数と情報をしっかりと把握しておくことです。

なかには、

「お問合せがあっても、ご家庭の連絡先を聞いていない」
というケースもありますが、情報の確認は重要です。

お困りの方がそのままにならないよう、お問合せを受けたときはかならず詳細のヒアリングをし、ご連絡先をいただいてください。

そして、必要であれば、適切な機関とご家庭をつなげましょう。

在籍児童は、支援の形によっても変わります。

たとえば、週1～2回の利用の子が多い場合は、50～60人の在籍がないと運営を維持できませんが、週5回利用の子がメインの場合は、15人くらいの在籍が目安になるでしょう。

稼働率を上げるための取り組み

施設長ミーティングで状況を共有する

稼働率が低い施設では、施設長ミーティングで対策を話し合い、改善していくことが大切です。

わたしたちの場合、月1回2時間のミーティングのなかで、先ほどのフォーマットの情報を共有し、何か問題がある場合は報告をしてもらっています。

フォーマットにある項目は、かならず押さえておくべき数字ですので、施設長ミーティングで月に1回は確認しましょう。その月によって忙しい時期が異なるので、月初・月中・月末のどのタイミングで行ってもかまいません。ただし、数字の把握はかならず行うようにしてくださいね。

そのほかに、ミーティングでかならず扱っている議題は「職員の状況」です。

退職や休職による欠員や、各施設の人員配置のバランスに問題がないかどうか、毎月確認しています。複数の事業所・施設がある場合は、ほかの施設の話を聞くことで参考になりますし、数値が比較できるので「がんばろう」と思ってもらうきっかけにもなるでしょう。ミーティングのたびに現状を確認し、改善を重ねることで、施設の状態が安定し、結果的に稼働率も上がっていきますよ。

どの職員にも情報を開示する

はじめて立ち上げた事業所の場合も、かならず月に1回ミーティングを行いましょう。

初期の段階から、事業所の状態を「数字」で見える化することは、とても大切です。先ほど紹介したフォーマットを用意しておくことで、稼働率や職員の状況を確認する習慣をつくることができますので、ぜひ取り入れてみてください。

また、事業所の状況や数字への意識は、どの職員にも持っておいてほしいものです。ミーティングで確認する大事な情報は、職員が誰でも知ることができるようにしておくのもおすすめです。

(例) ○○教室

在籍児童	12月 実稼働	1月 予定稼働	社員	パート	待機人数
22／人	10.0／日 220	10.0／日	3人	5人	5人 面談/見学予定 0人

【表の見方】

- **在籍児童**
  週5の園の場合、ひとりにつき月22日
- **12月の実稼働**
  1日に受け持てる児童数が10人
  (22日×10人＝２２０)
- **１月の予定稼働**
  １日に受け持てる児童数が10人
- **社員、パート人数**
  …園の稼働率に合わせた配置変更や採用の参考になる数字
- **待機児童**
  ご希望があった場合、かならず記録して、ご連絡がとれるようにしておく
  (※事業所の運営と関係なく、待機児童数は多くないほうが理想的)

必要としている人にアプローチをする

「売り込み」が苦手な人は多い

幼少時期は、どんな子でも病気がちで熱を出すことがありますし、保護者の予定によって園に来られるかどうかも変わります。

たとえば、週5日来る予定の子でも、実際は週2~3日しか通えないというケースが多いのが、療育・保育現場の実情です。

でも、3割4割の欠席をそのままにしてしまうと、人数が少なくて教室が成り立ちません。

ですから、欠席されることを見越して、待機児童のいるご家庭に

「今日は空いていますよ」

とお声かけするしくみをつくるといった対策が必要なのです。

このとき、「空きを埋めるための営業のお電話」と考えてしまうと、お声かけをするハードルが上がってしまうでしょう。

そうではなく、本当はもっと預けたかったけれど、週1回になってしまった保護者に、「そういえば、あの方は『もっと来たい』と言っていたな」と思って連絡する場合は、電話をかける負担感も減るはずです。

営業や売り込みと思わず、「必要としている人に声をかける」と思って電話をかけてもらえるように、職員にお願いしていきましょう。

このお電話1本で、必要な方に支援ができるかどうかが変わり、園の稼働率も変わっていきます。

電話をかけるときにもコツがある

普段から保護者たちとコミュニケーションをとり、関係性を築きましょう。

そうすると、電話をする職員も

「○○くん、元気にしていますか？」

と聞きやすくなるでしょう。

日頃からいい関わり方をしていれば、施設からの電話を嫌だと感じる人はいません。

「前回○○くんはこういう様子だったので、よければ、今日、施設に来られませんか？」

「前回こういう点が気になっていて、よければ来てほしいと思ってお電話したんです」

このようにお声がけしてみてください。


また、そのお電話の際に、保護者から相談をされることも多々あります。

このときは当日来られるかどうかにかかわらず、気持ちよく施設に通っていただけるよう、相談に乗りながら、信頼関係を築いていきましょう。

元気キッズでは、このようにお電話のやりとりをしているため、保護者から
「いつも気にかけてくれてありがとうございます」
とても喜ばれています。
保護者は職員と話ができることで安心されますし、気にかけてもらえていることをうれし

く思ってくださるものなのです。

ですから、安心してお電話してください。

ただし、お電話の時間帯は、相手に合わせる配慮が必要です。

朝がいい方もいれば、夕方のほうがつながりやすい方もいます。

基本的に夜ではなく、あくまで、施設の営業時間内に行いましょう。

施設を探している人たちの心情を想像しながらサポートする

傷ついている気持ちを想像する

児童発達支援に来る保護者の多くは、

「幼稚園や保育園に入れない」

「子どものことで怒られてしまった。先生にひどいことを言われてしまった…」

と傷ついているので、その保護者の気持ちを想像して寄り添っていく必要があります。

藁にもすがる思いで来てくださる人たちに対して、優しく受けとめて、

「一緒に考えていきましょう。大丈夫ですよ。安心してください」

というメッセージを伝えることが大切です。


そのときに、やってしまいがちな間違いが、

「うちはこんなことができます。すごいんです」

と言ってしまうことです。これが、たとえば受験対応のスクールなどの場合であれば、

「こんなことやあんなことができます」

「わたしたちの仕事の力によって、偏差値が20上がりました」

と言うのもいいと思います。

でも、児童発達支援の場合は、まず、傷ついて憔悴しきっている保護者の気持ちを受けとめてあげることが必要です。


また、結果にコミットすると、逆につらいと思われてしまうかもしれません。

ですから、

「お話を聴きますよ。一緒に考えていきましょう」

というスタンスがちょうどいいでしょう。

それにプラスして、

「セラピストがいるのでこういう方法を行っています。安心してくださいね」

と言えるようにエビデンスを用意しておけたらなおいいでしょう。

保護者にも手厚くサポートしよう

支援が必要なお子さんの場合、保護者とのやりとりは、わかりやすく伝える工夫が大切です。たとえば、日本人の50％は、日本語を読むことはできても、言葉としての理解はできていないと言われているそうです（世界では30％と言われています）。

全般的に言えることですが、言葉だけで理解できる人は、ほとんどいないと思っておいたほうがいいでしょう。

さらに、ツイッター文化などが広がっている影響もあり、短文しか理解できない人も増えています。いまは、その短文ですら「理解しにくい」という人も…。

ですから、わたしたちが保護者のサポートをする際も、難しい言葉ではなく、ビジュアルも含めて、わかりやすく伝えることが不可欠なのです。

言葉で伝えて、さらに見本や絵や写真など、何かの形でわかりやすく残し、手厚いサポートを心がけてくださいね。

7章

児童発達支援の現場でつまずきやすいことQ&A

職員が急に辞めてしまいます。どうしたらいいでしょうか？

やる気のある人であっても、しっかりケアしましょう

「職員が急に辞めてしまった」

「心身の不調で、来られなくなってしまった…」

このような相談は、あとを絶ちません。

幼稚園・保育園よりも療育の施設のほうが、この相談は多いものです。

原因のひとつは、「燃え尽き症候群（バーンアウト）」。

気持ちばかりが先行してしまって、空回りしている人、または、がんばりすぎて無理をしたことで、続けられなくなるタイプに多くみられます。

ですから、たとえ経験者であっても

「この人はできるから大丈夫」

と、任せっぱなしにならないように注意しましょう。

できる人に丸投げになっていませんか？

事業所を構え、児童発達支援をはじめて行う場合、多くの人が発達支援経験のある人に頼りっぱなしになってしまいます。


もちろん最初は、どの人もやる気にあふれ、がんばってくれるでしょう。

でも、

「〇〇先生なら大丈夫」

とすべての決断を任されてしまうと、どんどん苦しくなってしまいます。

そして、そこに社長や代表からチクッと心ないひと言を言われたりすると、

「こんなに一生懸命やっているのに…」

と耐えられなくなって辞めてしまうのです。

また、いまはとくに児童発達支援管理責任者が少ないため、辞めたあとの転職先も見つかりやすくなっています。

そのため、保育園や幼稚園よりも「辞める」という判断をする人が多いのかもしれません。

そうならないためには、なんでも任せきりにするのではなく、社長や代表が現場と寄り添いながら、二人三脚で進めることが大切です。

同じように、指導員も辞める人が少なくありません。

保育園や幼稚園と違い、療育の世界は年度での区切りがあまり重要ではないため、余計に「急に辞めてしまった！」

というケースにつながってしまうのでしょう。

人が離れていかない「組織」をつくる

一人ひとり、フォローとケアを欠かさない

人が辞めていくのを防ぐ一番の解決策は、「組織」を変えることです。

・しっかりとしたレポートラインをつくる
・定期的に研修の機会を設ける
・1on1ミーティングなどで、話を聞く場をつくる
・キャリア設計
・将来像を共有していく

このようなフォローのしくみがあれば、人は離れていかなくなるでしょう。

とくに、「夢」「将来像」を語り、共有しておくことは大切です。

児童発達支援では、いつか子どもたちと大人が手を離すタイミングが訪れます。

「そのとき、どんな子になっていてほしいのか？」

という想いを持って、関わってもらうようにしましょう。

そのためにも、事業所の利益ではなく、子どもの最善の利益を考えて「将来像」を描いていくことがポイントです。

まず代表が夢を描き、伝えていく

理想の将来像は、人や事業所によってさまざまな形があっていいものです。

わたしたちの場合は、「ヘルプ要求を出せる子」になってほしいと思いながら、支援を行っています。

困ったときにちゃんと「困った！　助けて！」と言えることが、その子が将来、まわりと手をつないで生きていくための大きな力になると思っているからです。

また、ヘルプ要求を出すには、まわりとの信頼関係を築くことが欠かせません。

だからこそ、職員やお友だちと信頼関係を結べるように、「愛着」を育むことを大切にしています。

このような子どもたちに対する想いは、職員の働くモチベーションになるでしょう。

立ち上げたばかりのときは、毎日のように職員と話す時間を持ってみてください。

「夢」を職員としっかり共有するようにすることで、組織がよくなり、人が辞めることも減っていきます。

組織として安定してきたら、月に1回、3ヵ月に1回、半年に1回と話すスパンを空けても大丈夫です。

児童発達支援の採用募集には発達障がいの傾向のある人が集まりやすい？

発達の特性がある人は多いものです。どんな姿勢で来ているのかをチェックしましょう

じつは、児童発達支援や発達の特性を持つ人の介護施設の採用には、同じように発達の特性を持っている人が集まりやすい傾向があります。

これは、相手の気持ちがわかるというのも、ひとつの要因でしょう。

もちろん、たとえ発達の特性を持っていても、自分のことを理解して仕事で活躍している人はたくさんいます。

そういった人が

「子どもたちをサポートしたい」

という気持ちで来てくれるのであれば、何も問題ありません。

一方で、相手を下に見ている人の場合は、注意が必要です。

「ここなら自分でもできるだろう」

「面倒をみてあげよう」

と考えているような人は、採用を控えたほうがいいでしょう。

児童発達支援事業所は、子どもたちが自分でできることを増やし、自分自身を知るためのサポートをする場所です。

相手を下に見ている人は、この役割を理解できていない可能性があります。

また、そこでトラブルを起こしたり、その発達障がい傾向のある職員に対しての支援がさらに必要になったりすることは、できるだけ避けたいものです。

療育はどんなタイプの人が向いていますか？

「面倒をみてあげる」では、子どもは成長できない

「面倒をみてあげよう」

というスタンスが、すべて悪いわけではありません。

ただ、療育は子どもが自分の手でできるようになることを「サポート」するものですから、意識に相違がある場合は、面接時に見過ごさないようにしましょう。

療育の面接では、

「1対1の関わりで、ゆったりと過ごしたい」

と言う人もいます。でもそれは、保育では有効でも、療育にはなりません。

児童発達支援では、その子自身ができることを増やしていくために、子どもの様子を分析

し、子どもの意図を汲み取って、スモールステップをつくってあげることが求められます。そのため、ロジカルな思考ができる人のほうが働きやすい職場なのです。

ですから、面接時の質問に対して、的確に端的にわかりやすく話せる人は、とても合っていると言えるでしょう。


一方、質問の意図を汲み取れない人や話の要点がわかりにくい人の場合は、たとえいい人であっても続けるのは難しいのが療育の現場です。

採用したとしても、職場に馴染めず辞めてしまう確率が高いでしょう。そのため、「発達に課題感がある子に対して、先回りしてなんでもやってあげることは『サポート』にならない」

という大前提を持っている人に入ってもらえると、採用後のミスマッチも起こりにくくなるでしょう。

「体験談」から、合っている施設を見分ける

受容するタイプの「保育園向き」の人か、ロジカルな「療育向き」の人かどうかは、過去

の保育の経験談を聞くだけでも見えてきます。

・保育向きの人の場合

「○○ちゃんが、すごくお話しできるようになって、おかあさんからも感謝されました。どうやったのか、詳細は忘れてしまったのですが…」

・療育向きの人の場合

「子どものこういった行動に対して、○○さんと○○さんと連携して、こう対応しました」

このように、話し方のクセからも、向き不向きを予測することが可能です。

療育の場合は、受容し愛着を形成しながら、子どもがどうしたらできるようになるのか、様子を冷静に観察し、手立てを考えられるかどうかがとても重要なポイントになるのです。

面接時や体験保育の言動から、そういった対応が得意な人かどうかをチェックしていきましょう。

これが、現場でのミスマッチを防ぐことにもつながっていきます。

保護者とのトラブルを避けるにはどうしたらいいでしょうか？

保護者の想いをしっかり「受容」すること！

第1章でも触れましたが、児童発達支援は、子どもの支援と思われがちですが、家庭への支援をすることが本来の姿です。

保護者との信頼関係を築けてはじめて、子どもへの支援ができるようになります。

ですから、保護者に対しても徹底的に受容するところからスタートしましょう。

最初の面談の時間も、ただ必要事項の聞き取りをするのではなく、まず保護者の話に耳を傾けることが重要です。

保護者も、いきなり「お子さんの発達が気になります」と言われても、すぐには受容できません。ですから、

「幼稚園から『発達が遅れているから療育に行け』と言われたのですが、わたしはそう思っていないんです」

「この子は治るんです。普通になるんです。だから、幼稚園に通わせてあげたい」

と受容が進んでいないほうが当たり前なのです。

お子さんの学齢が進むにつれ、ゆっくり受け入れていくでしょう。

このときの保護者の話をきちんと聞き、子どもの課題への受容度合いを見極め、ニーズを理解しておかなければ、後々トラブルに発展してしまうので注意してください。

保護者の置かれている境遇に寄り添えていますか？

療育に来る保護者の大半は、

「でも、ここでサポートを受ければ話せるようになる。幼稚園に行けるようになる」

という期待を抱いているものです。

つまり、まだ「普通になる。普通になってほしい」という想いを抱えている状態なのです。

そのような保護者の想いや考えを、しっかり受容しましょう。

これは、以前あったわたしの失敗例ですが、お子さんの課題を受け入れられていない保護者への受容が足りず、子どもへの想いで思わず感情的に話してしまったことで、県に通報されてしまったことがありました。

このときは、事実と違うこともでっちあげられ、
「この園は何もしてくれていない！　子どもたちを虐待している！」
ということまで言われてしまったのです。

即日監査が入ったのですが、もちろんそのような事実はなく、施設には何も問題がないということが明らかになりました。

でも、このことから、たとえ保育の現場では正しいと言われていることであっても、それを保護者に押しつけてはトラブルになってしまうのだと痛感しました。

「家庭を支援する」ということは、どんな保護者でも、たとえ言われていることがウソだとわかっていても、まずそういう状況になってしまった保護者を受容することが必要なのです。

お散歩にも行けない、お買い物にも行きづらい、電車などではまわりから冷たい目で見ら

れる、家族や両親から理解が得られない…。こういったことに傷つき、イライラが溜まっている状態だと理解し、寄り添うところから始めなくては、信頼を得ることはできないでしょう。

信頼関係を築けてきたら、少しずつ、事実もお伝えしていく

ただし、もちろん保護者の意見をただただ受容し続けるだけでは、お子さんのためにならないことも多々あります。

保護者に溜まってしまった何かが落ち着くまで受容し続け、信頼関係を結んでから、折を見て、

「でも、このままではお子さんが将来困ってしまうから、こうするのはどうですか？」

と、少しずつこちらの意見も伝えていくというステップが大切です。

保護者への対応では、まず信頼関係を築いていくところを徹底しましょう。

保護者からいつもくる長電話。どう対応したらいいでしょう？

10分でうまく切り上げて、共依存にならない「いい距離感」を保つ

先ほどお話ししたように、児童発達支援に来る保護者は、皆さん大変な状況に置かれています。自由がままならないことも多いなかで、まわりの人、両親、義理の両親の目も気になって、とてもストレスが溜まるものです。

その分保護者にとって、何か困ったときに相談できる場所の存在はとても貴重です。

ですから、施設への相談のお電話は非常に多くなりがちです。まわりに話せる人がいないため、相談頻度だけでなく、時間が長くなる傾向もあるでしょう。

ただ、たとえグチだけの電話であっても、対応は無碍にしないようにしてください。

忙しい施設では、1～3分も聞いていれば電話を切りたくなってしまうかもしれませんが、

それでは相手の気持ちは満たされません。

仕事に支障がなければ、10分くらいを目安に、話を聞くのをおすすめします。

でも、こういった相談の際は、依存させすぎないことも大切なポイントです。

こちらである程度リードしていかなければ、延々と電話をすることになってしまうため、職員のほうから電話を切る必要があります。

このときは、突き放した言い方にならないように、

「いま、ほかの人から電話が入ってしまったから、ごめんなさい」

「ごめんなさい。対応しなければいけない人が来てしまったから今日はここで…」

というように、申し訳ない気持ちと少し急いでいる雰囲気を出しながらお伝えするなど、相手が不快にならないように切り上げましょう。これも大事なスキルのひとつです。

共感型の職員は、こういった相談を聞くことで、相手の境遇の大変さに疲弊してしまうケースが多々あります。

発達に課題感があるお子さんのことをもっと理解してもらうために、何ができますか？

子どもへの理解がないことで、DVが起きてしまうことも

児童発達支援に来られるご家庭では、DVが起きているケースもあります。

これは、親子の様子をしっかり見ていればわかるはずです。

DVに限らず、お子さんの身体にアザやケガがないかどうかは、いつでも園でチェックできる体制であることがポイントです。

また、身体的な暴力だけでなく、言葉の暴力もDVの一種なのですが、お子さんに対して「○○をやれ！」といった言葉の暴力の場合、保護者自身には自覚がないことも…。

とはいえ、言葉で意思疎通のはかれない子に、どう関わっていいのかわからない保護者は多いものです。

このような場合、ペアレントトレーニングを行っています。

ご家庭ごとに必要なトレーニングは違うのですが、まず発達障がいを持つ子への理解を深めてもらえるような時間を設けましょう。

そうすることで、保護者のイライラも解消されていきます。

うまく関係性を築けたケースでは、おとうさんが積極的に園のお手伝いをしてくれるほど、育児に対する姿勢が変わったこともありました。

ペアレントトレーニングで子どものモノの見え方や感覚を学ぶ

ペアレントトレーニングでは、子どもの目線で見える世界や抱えている課題、不自由さを知るところから始めます。


たとえば、片目を瞑って、飛んでくるボールをキャッチしてみてください。

案外難しくて、うまくいかないと思います。

でも、これが「視座の調整が難しい子のモノの見え方」なのです。

こうして実際に不自由さを体験してもらうことで、その子の抱えている不自由さや感覚、行動の理由なども理解できるようになっていきます。

事業所の忙しさにもよりますが、最低でも年に1回くらい、1回1時間ほどの時間を設けられるといいですね。

保護者会のなかに組み込んだり、できるだけ自然に体験してもらえるような工夫も重要です。

おとうさんが参加しやすい雰囲気をつくる

育児は、おとうさんに参加してもらえるような環境をつくることも大切です。

家庭によって声のかけ方も変わるため、来てほしい保護者に参加してもらえるように、職員と施設長や相談支援の担当者と、話し合いながら進めていきます。

とくに夫婦間でＤＶが起きている場合、職員から参加をうながすことで、子どもにまで被害が及ぶ可能性もあるので、細心の注意が必要です。

いきなり個別に呼ぶよりも、多くの保護者が集まる勉強会などに声をかけるところから始めてみてください。伝えるときも、最初は個人ではなく全体に向けたメッセージとして、「こういった言葉や行動で子どもは傷つくことがあるんですよ」

というように、直接「ＤＶ」という言葉を出さずにお話ししていきましょう。

DVが起きているとき、どう対応したらいいでしょう？

保護者の異変に気づけるようにする

もしもＤＶが起きてしまっている場合には、家庭・事業所・自治体・児童相談所と連携をとって解決していきましょう。保護者が被害を受けている場合、心身ともにかなり疲弊しているので、見た目で異変を感じるはずです。また、本人から
「いつか子どもに手をあげてしまうのではないかと不安になる」
「つらすぎて、（命を絶つような）怖いことを考えてしまうことがあります…」
と職員に相談に来るケースも多々あります。

家庭・職員・事業所だけで抱え込まない

国や自治体でさまざまな社会支援の対策はされてきていますが、まだまだそういったこと

に疎い人が多いのも実情です。児童発達支援では、虐待に気づいたときに介入するかどうかの判断や、どこに相談したらいいのかという知識が必要になります。

自治体ごとに子どもの虐待を扱っている管轄は違うので、障がい福祉課なのか、子ども支援課なのか、それ以外なのか、あらかじめその自治体の特色を知っておいてください。

また、福祉のサービスメニューについても、頭に入れておくとトラブルが起きたときの対応がスムーズになるでしょう。

児童発達支援事業所だけでは限界があるため、ぜひ、併設している相談支援事業所と一緒に進めていってください。万が一、ケガやアザを発見したら、児童相談所などに「虐待の疑いがある」と通報しなくてはいけないのですが、まずは、自治体に相談しましょう。

また、「子どもに手をあげてしまいそうでつらい」という場合は、ご家庭の様子によってはシェルターの紹介が必要かもしれません。

こういった身辺チェックをすることが、事業所では大切なのです。

重い相談やつらいお話を聞く仕事は、職員にも負担がかかります。

だからこそ、ひとりの職員、ひとつの事業所だけで解決しようとしてはいけません。

家庭・事業所・自治体・児童相談所や障がい福祉で連携をとり、対応していきましょう。

支援を受けるのはどんなタイミング？

入園前や入学前に相談が増える傾向がある

児童発達支援事業所は、基本的に短期ではなく長期の利用が多いでしょう。

よくみられるケースは、2歳くらいの子の保護者が、

「保育園・幼稚園に入れるように」

という目的で通い始めるパターンです。

ただ、課題感が多い子の場合は、頻度が低くても、小学校入学まで通い続ける子もいます。

保育所等訪問支援の場合、基本的には、入ったときから卒園されるまでの利用が多いものです。

幼稚園・保育園では、「小学校に上がるためのアプローチプログラム」があるので、そこで課題感があるように感じた保護者から、問い合わせが増えていきます。

もちろん短期間でも、事業所の利用は可能なので、「入学までの間3ヵ月だけみてほしい」と依頼が入るケースもあります。

各年齢に、支援のニーズがある

児童発達支援事業所に来る場合、子どもの年齢によって、理由やニーズが異なります。ここで、一例を紹介しておきましょう。

・**2歳児**
…幼稚園の「プレ入園」のような感覚で訪れる

・**3歳児**
…幼稚園に入学したあと、7～9月頃に「幼稚園の先生に言われて来ました」というご家庭が多い

・**4歳児**
…年少クラスでは職員が複数人いるものの、年中に上がると担任の職員がひとりで受け持

つことに。そのため、「面倒を見切れない」と言われて訪れるケースが多い

・5歳児

…「小学校に上がる前に、課題を解消したい」という目的を持って訪れる

このように、環境が変わるときに、まわりの人にすすめられたり、必要性を感じたりして通所する保護者が多いですね。

ですから、児童発達支援事業所をつくる場合は、どの年齢層にも対応できるようにしておきましょう。

支援を受けるペースは、ご家庭ごとに違っていい

「児童発達支援を受けるなら、早いほうがいい」という意見もよく耳にしますが、現場を見ていると、いつから始めても問題はないように感じています。

子どもの年齢よりも、保護者が子どもの課題を受け入れ、一緒に取り組めるように心の準

備が整ってから訪れることのほうが重要です。

児童発達支援事業所は塾とは違い、子どもの成長と学びに、より保護者の協力が不可欠です。

ですから、決して強要せず、「気が向いたら来てくださいね」と保護者の受容のレベルに合わせていきましょう。

また、発達が遅い子にとっては、学ぶ機会が多ければ多いほどいいというものでもありません。たとえば、「平日は保育園、土日は療育」というように毎日通わせようとすると、子どもが混乱してしまって、かえって逆効果になるパターンもあります。

支援は、保護者にとっても子どもにとっても、無理のないように計画することが大切なのです。

保育所等訪問支援、訪問支援先で気をつけることは？

出向先との関係性づくりをうまくできていますか？

保育所等訪問支援は、児童が通っている保育園・幼稚園・小学校・中学校・高校・学童・養護施設などに訪問支援員が出向き、「その子が過ごしやすい合理的配慮がされた環境づくり」を目的としています。

ただし、新しい事業のため、あまり認知が進んでおらず、訪問先とトラブルになってしまうケースが多いのも実情です。

その要因のひとつは、市役所や自治体を通さない、訪問支援事業所と保護者との直接契約であること。そのため、突然来た訪問支援員に保育園・幼稚園側も不信感を抱くのです。

保育所等訪問支援は事業として新しいため、まず訪問先の理解を得ることが、とても重要だと言えるでしょう。

理解を得られないまま行ってしまうと、園や学校が支援を頼んだわけではない分、「突然来て、無理やりやり方を押しつけないでほしい」という反感が生じてしまいます。

たとえば、「この子はＡＤＨＤだから、そんなに一度にポンポン話さないでください」と上から目線で意見を押しつけていた事業所が、「事情も知らないのに、いきなり偉そうなことばかり言われても困る」と出入り禁止になってしまった事例もあるそうです…。

療育の考え方を一方的に押しつけない

訪問支援でよくあるトラブルは、「こうしたほうがいい。わたしたちの価値観が正しいんだ」と一方的に押しつけてしまうことで起きています。
たとえ、「子どもたちのために」という想いがあったとしても、これではいけません。

訪問支援で一番大切なことは、保護者や子どもたちと保育所や学校などの「つなぎ役」になることです。

子どもが不自由を感じて困っているとき、保育所や学校の先生も「どうしてイスに座ってくれないのかな…？」というように、困っていたり悩んでいたりするものです。

その気持ちに寄り添うことが、もっとも求められている支援なのです。

学校の方針やスタンスも尊重する

保育所等訪問支援を行うときは、その学校の方針や園が大切にしている教育スタイルを邪魔しないように心がけましょう。

また、「こうしたほうがいい」という意見は、絶対に押しつけないようにしてください。

訪問支援では、「説明を聞いて納得していただけたことを、家庭や学校で取り入れてもらう」というスタンスでいるといいでしょう。

そうすることで、余計なトラブルや摩擦も防ぐことができ、適切な子どもの支援につながっていくはずです。

「来てもらえてよかった」と言われることを目指そう

訪問支援は、相手のホームに出向くものですから、訪問支援員にとってもストレスのかかる仕事です。訪問先の理解を得られず、「敵地」のような状態で伺うのでは、より負担も大きくなってしまうでしょう。

ですから、「ウエルカム」と思ってもらえるような関係性を築くことが何よりも大切です。そのためには、訪問支援側から意見を押しつけないことはもちろん、子どもの様子が気になる時間帯（朝の会や給食、外で遊ぶときなど）に合わせて訪問し、逆にニーズがないときには行かないようにするなどの配慮が必要になります。

また、訪問支援員が伺うケースの場合、基本的に先生も悩んでいることが多いので、まず先生の気持ちに寄り添って、困っていることや悩んでいることを聞くようにしましょう。

こういったことを日頃から心がけていれば、

「来てくれてよかった」

と思っていただけるようになるはずです。

訪問支援の頻度は、お子さんの様子に合わせて決めましょう。

事業所の利益のために訪問支援員が勝手に決めて進めてしまうと、トラブルになりかねません。

お子さんの様子や訪問先にもよりますが、「毎日訪問」や「毎週の訪問」は、かなり頻度が高い状態です。

訪問頻度は、多すぎても少なすぎてもよくないので、しっかり考えて決めましょう。

もし、園や学校から依頼のある場合は、毎日の訪問でも問題ありません。

ただし、「人員不足の穴埋め」にならないように、注意してくださいね。

民間と自治体の訪問支援の違いは何？

児童発達支援と訪問支援はセットで計画するのがおすすめ

保育所等訪問支援の特徴をまとめると、次のようになります。

・依頼主：保護者からの相談
（保護者→児童相談所→保育所等訪問支援所という流れもあります）
⇩
・訪問先：保育園・幼稚園・小学校・中学校・高校・学童・養護施設など
（保育所等訪問支援をしている事業所は、児童発達支援事業所や児童相談所、デイサービスなどを一緒に展開していることが多いため、福祉施設への派遣は少ない）
※保護者から依頼のあった特定の児童への支援となります。

また、それとは別に、自治体でも訪問支援事業を展開しています。
自治体の保健センターや、児童発達支援センターが実施することが多くみられます。

・**依頼主：保育園や幼稚園、学校などから相談**
⇩
・**訪問先：保育園・幼稚園・小学校・中学校・高校・学童・養護施設など**
※特定の児童ではなく、施設全体のなかで、課題感のある児童への観察・指導がメインとなります。

児童発達支援事業と保育所等訪問支援は切っても切り離せないものです。

近年は訪問支援員の募集も難しいため、これから事業を行うならば、児童発達支援事業と保育所等訪問支援は一緒に計画をするのがおすすめです。

相談支援事業所との連携のとり方がわかりません…

継続的に療育を受けたい人に来てもらえる流れをつくる

基本的に、児童発達支援事業所は、相談支援事業所や自治体からの紹介で知っていただけるものです。

ですから、地域のつながりを無視して、ただ「児童発達支援事業所をつくりました」という運営の仕方をしていると、トラブルが起きたり、人が集まらなかったりして、運営難に陥ってしまうでしょう。

事業所を継続して運営していくには、相談支援事業所、地域の福祉とのつながりが不可欠です。別の項目でもお話ししましたが、事業所をオープンする際は、地域の福祉窓口や地域にあるすべての相談支援事業所への挨拶を、かならず行ってください。

児童発達支援事業所はこれからますます増えていくので、選ばれるために、

・事業所の特徴、特色

・何をしているのか

…という内容を、しっかり紹介することも大切です。

ホームページで発信したり、チラシなどの紙媒体を作成したりして、説明できるようにしておくといいでしょう。

トラブルは抱え込まず、相談支援事業所にも間に入ってもらう

また、保護者とのトラブルが大きくなるのを防ぐためにも、相談支援事業所との連携は欠かせません。

もし児童発達支援事業所でトラブルが起きたら、事業所だけで対処しようとせず、相談支援事業所に間に入ってもらってください。相談支援事業所に介入してもらうことで、大きな問題に発展するのを防ぐことができるでしょう。

もしも、その子が複数の事業所と関わっている場合は、相談支援事業所が中心となって、

すべての担当者が集まって対策を練る「担当者会議」を行います（地域によって異なる場合があります）。

担当者会議は、半年に1回か年1回が目安です。

その子にとってどうしたらいい環境を整えてあげられるのか、児童発達支援事業所と相談支援事業所の連携を徹底していきましょう。

相談支援事業所に動いてもらえるような声かけを心がける

いまある相談支援事業所の多くは、もともと成人の発達障がいの人を対象としていたため、児童を専門に扱っているところが少ないのが実情です。

成人と同様に電話相談のみで対応しているケースもあります。

成人の場合は、半年～1年で環境が一気に変わることは少ないので、電話でも十分ですが、子どもの場合は違います。

どんどん変わっていく環境に合わせて計画書を制作するために、幼稚園・保育園に様子を見に来てほしい場合は、

「計画書の制作でご相談したいことがあるので、モニタリングの時間をとっていただけませんか？」

と尋ねてみてください。

また、担当者会議が必要と感じる場合も、こちらから依頼してみるといいでしょう。

多数の機関と連携をとることが、子どものしあわせな成長につながる

ほかの機関と連携をとるのは、ときに大変なこともあります。

たとえば、担当者会議でほかと温度差を感じるなら、子どもや保護者と前向きに向き合えるように、会議のなかで雰囲気をつくっていく必要があるでしょう。

また、相談支援事業所の方が忙しい場合は、担当者会議が開催されない場合もあります。

その場合は、会議の開催をうながすような働きかけが必要です。

とにかく、人の成長にとって幼少期はとても大切な時期ですから、その子が必要としている支援を受けられるように、わたしたちもあきらめずに、努力し続けることが大切なのです。

子どもへの虐待を防ぐには？

日々のチェックで子どもへの虐待を防ぐ

まず、毎朝登園時に身体チェックを行いましょう。

また、「虐待防止委員会」をつくり、機能させることも大切です。

施設によっては、監査対策として形式的に議事録をつくるだけになっていることもあるので、この点には危機感を覚えています。

しっかりと対策を行い、

・毎朝の身体チェックリストの作成

・行った研修内容を記録する

というように、第三者がすぐわかるよう可視化しておきましょう。

たとえば、児童発達支援事業所は年に1回、アンケート（利用者と職員の自己診断のもの）

をとり、結果を公表しています。

このようにチェックと可視化をして残しておくことで、わたしたち施設側で虐待をしていないということが証明できます。

また、毎朝の身体チェックがあることで、家庭内の虐待の早期発見や、抑止力にもなるでしょう。

実際、虐待を疑うようなケースは児童全体の1～2％です。

ただしこれは、埼玉県が虐待に関して厳しい県だということも関係しているでしょう。

全国でも唯一「虐待禁止条例」を施行しており、施設は虐待を見つけたら通報する義務があるのです。

QCチェック表

確認事項		
1	身なり清潔	爪は短く切り、胸元や背中が見えない清潔感がある身なりで過ごしましょう。
2		身につけるものでお子さんの危険につながるものは外しましょう。
3	コンプライアンス	キャンセルは利用者のご希望であり、事業者都合ではありませんか?
4		欠席時対応加算を算定する際は、理由やお子さんの様子を伺い、その記録を詳細に残しましょう。
5		書類の捺印は、かならず保護者持参の印鑑で保護者自身に押印していただきましょう。
6	サービス	それぞれのお子さんの支援計画及び手だてを確認し、それにもとづいた保育、療育を心がけましょう。
7		お子さんへの呼びかけは愛情を持ち、呼び捨てはやめましょう。
8	マナー	保護者へは丁寧な言葉遣いで話しましょう。
9		電話対応は素早く、遅れた場合には「お待たせしました」と添えましょう。
10		お子さんや保護者についてのブラックジョークに気をつけましょう。
11	消防法	避難経路や各自消防の役割について確認しましょう。
12		避難器具・消火器具は事務所にあります。各自目視で確認しましょう。
13		消防、救急への電話のかけ方を確認しましょう。
14	防災	教室内に出火の可能性があるものを置かないようにしましょう。
15	怪我・事故	お子さんのいる部屋にイスを3つ以上重ねていませんか?
16		教室内において、お子さんが安全に過ごせるように環境を整えましょう。
17		玄関と保育室は毎回施錠しましょう。
18		お子さんが手の届く場所に、ハサミ、ボールペン、カッター、アルコールなどは置かないでください。(怪我の可能性)
19		ドアの開閉時、お子さんが近くにいないか確認しましょう。
20		応急処置に必要なものは医務室、嘔吐処理に必要なものはトイレと医務室に入っています。各自確認しましょう。
21	個人情報管理取り扱い	個人情報が特定できる書類は、教室内に置きっぱなしにせず、鍵のかかる場所に保管しましょう。
22		個人名は必要な場合を除き、個人が特定できないようにしましょう。
23		SNSや教室外での会話など、情報漏洩、個人が特定できるような会話に気をつけましょう。
24	虐待	お子さんの身体に傷・あざ、異臭などいつもと変わったところがないか確認しましょう。
25		衣類や持ち物は普段と変わりはありませんか? (乱れていたり、汚れていたり、破けていませんか?)
26		大人を怖がったり、避けるような仕草はありませんか?
27		自分の言動が虐待に値しないか、意識しながら過ごしましょう。

子どもの人権を守ろう

こども基本法の施行に対応していこう

令和5年4月から「こども基本法」が施行されます。

このことを、わたしたちは重く受けとめなくてはいけません。

「こども基本法」は、国連総会で採択された「子どもの権利条約」に準じてつくられた法律です。

では、そもそも、「子どもの権利」とは何なのでしょうか?

「子どもの権利条約」では…

①生命、生存及び発達に対する権利…命を守られて成長することができること

②子どもの最善の利益…子どもにとって、もっともよいこと
③子どもの意見の尊重…自分の意見を表明し、参加できること
④差別の禁止…差別を受けることなく成長できること

という4つが一般原則とされています。

「子どもの命を守ること」が一番大切！

①生命、生存及び発達に対する権利

4つの原則のなかでももっとも重要なのが、命を守ることです。子どもの命を守ること以上に大切なことはありません。

そのため、事業所のように子どもを預かる施設では、朝来たときと同じ状態で帰せるよう、安全対策を万全にすることが求められていきます。虐待だけでなく、不審者対策、危険や事故につながるようなことがないかの確認と対策も含まれるでしょう。

いまは意見を言える主体性なども重視されていますが、「子どもの権利」としては、命が

守られることが一番大切なのだと改めて定義されたのです。

②子どもの最善の利益

「その子にとって最善とは何か？」

ということを考える必要もあるでしょう。

また、子どもたちが不利益に晒されていたら、第三者が介入する必要があります。

もしも虐待などの不当な扱いを受けている場合は、改善していきましょう。

③子どもの意見の尊重

保育園などでは、サークルタイムなどが取り入れられていて、それぞれ自由な意見を発言できるように奨励されています。

ただ、いまでも体育会系の厳しいスタイルで運営しているスポーツクラブなどでは、叱咤激励と称した虐待が起きていることも…。

発達に障がいのある子は、自分の意見を言葉にすることが難しいケースが多いので、感情を表現するときに、泣いたり、怒ったり、他害をしてしまうことがあります。

でもこれからは、それを叱るのではなく、理解して言葉にできるように社会全体でサポートしてあげることが必要なのです。

④差別の禁止

子どもは、誰もがすべて尊い存在です。国や性別、経済格差、障がいなどのような理由であっても、社会全体で差別しないようにしましょう。

保育園、幼稚園、小学校、中学校、高校などでも、これを実現していくことが大切です。

どの子の権利も平等に守っていく

「子どもの権利」に対する考え方は、わたしが児童発達支援を行っている理由にも関わっています。

「親ガチャ」という言葉があるように、いまは経済的に恵まれている家庭が多い地域ほど、生活も教育水準も高くなっています。生まれてきた環境によって子どもたちの教育指数や学歴などに差があるのです。

でも本来は、どこに住んでいたとしても、同じような教育を受けられる権利を持っているはずです。

ですから、子どもたちの居場所をつくるために児童発達支援の運営をしている面もあります。子どもたちと関わるわたしたちから、まず「こども基本法」と「子どもの権利条約」を理解して、この考え方が社会の当たり前になるように普及させていきましょう。

子育ての当事者は、誰でも自分たちのことで手一杯になるものです。

だからこそ、支援を志す人が、どの子も平等に権利が守られていくように取り組んでいきましょう。

国の政策などは、自ら学びにいく

新人研修、中途研修では「何のために行っているのか」を考えることが不可欠です。

そのためには、主観だけで考えるのではなく、「子どもの権利条約」「こども基本法」などの政策をしっかりと理解して、本やニュースなどからも情報を得たいものです。

巻末付録

施設の新設に必要な要件

法人格が必要になる

施設の新設にあたり、株式会社、NPO、合同会社、一般社団法人などの法人格が必要になります。

人員基準というものがあり、まずは管理者がいなくてはいけません。ここで、法人格に必要な基準を紹介しておきます。

管理者は児童発達支援管理責任者と兼任でもいいですし、管理者が指導員を兼ねてもいいでしょう。

ただし、児童発達支援事業所と児童発達支援センターでは、少し基準が異なります。

基本的に、児童発達支援事業所の場合は、定員10名の事業所を行う想定で、人員基準は、

・管理者

・児童発達支援管理責任者
・常勤の指導員がひとり以上
配置されていることが必須です。

さらに、保育士1名で加算をひとつとり、もうひとつ専門医配置加算をとるために、保育士を常勤換算で入れる必要があります。

先ほどお話しした人員配置は、事業所を運営するうえでの最低ラインだと知っておいてくださいね。

基本人員を踏まえて採用を進める

238ページの「基本人員と加配加算」の図にもあるように、基準人員は施設運営には欠かせません。

基準人員は、管理者・常勤の保育士か児童指導員・プラス保育士か児童指導員になりますが、それに加え、児童発達支援の場合は、加配加算をとらなければ利益が出ないので、運営が難しくなります。

また
・専門医配置加算・児童指導員配置加算で保育士を入れる
・専門的支援加算でさらに、保育士及び理学療法士や作業療法士などのセラピストを入れる
という必要があるのです。

管理者は、児童発達支援管理責任者が兼務もできますし、指導員が兼務することもできます。
最低でも、管理者及び児童発達支援管理責任者、常勤の児童指導員及び保育士、常勤の児童指導員保育士の基本人員、プラス保育士、もうひとりの保育士及びセラピスト、というように配置できていれば、最大の加算がとれます。

基本人員と加配加算

児童発達支援

基本人員 《基本報酬》 885単位	☆管理者 児童発達支援 管理責任者 保育士or児童指導員 保育士or児童指導員
理学療法士等　187単位 児童指導員等　123単位 その他　90単位	児童指導員等　加配加算
理学療法士等　187単位 児童指導員等　123単位	専門的支援加算

放課後等デイサービス

基本人員 《基本報酬》 授業終了後　604単位 休業日　721単位	☆管理者 児童発達支援 管理責任者 保育士or児童指導員 保育士or児童指導員
理学療法士等　187単位 児童指導員等　123単位 その他　90単位	児童指導員等　加配加算
理学療法士等 187単位	専門的支援加算

☆兼務可能　※定員10名以下の場合を記載

※令和５年１月現在

事業所をつくるための申請を出す

風営法の規制はクリアしているか

開業する際には、風営法の規制をクリアしていることが大切です。

開業しようとしている場所に、風営法上規制がある業種が１００m以内にある場合は開業できません。この条件は、自治体によって変わってきます。

賃貸の場合は、建築確認済書、もしくは、それに準ずる耐震がカバーできていることがわかる資料が必要です。

建築確認済書があれば一番望ましく、同等のものがあれば、自治体によって代用できるところもあります。

自治体ごとの数量規制があるかどうかは、確認しなくてはいけません。

県や市、政令指定都市の場合は市が認可をします。
たとえば、県や都では、その区や市がもういらないと言えばＯＫは出せないので、市長から承認してもらう必要があるのです。

承認してもらうには、県や町自治体、政令指定都市といった指定権者に申請する様式とほぼ同じものを、そっくりそのまま出さなければいけません。
書類が揃っていなければ承認してもらえませんので、ほとんどの場合、同時進行で担当者に口頭で承諾をいただき、資料をつくりながら県への申請直前に承認してもらう、という流れになります。

新規事業として取り入れる場合、定款の変更はお早めに

書類関係は、県や指定権者の政令指定都市のフォーマットがあるので、そこで確認してつくっていきましょう。

基本的に、申請後、規制がなければ開業できます。

学校法人や社会福祉法人、とくに学校法人は、学事課が絡んできて定款の変更にとても時間がかかることもあります。

株式会社でもＮＰＯ法人でも一般社団法人でも、かならず定款に「児童発達支援事業の運営」や、「放課後等デイサービスの運営」という文言を入れなければ開業できません。

とくに定款の変更が難しいのが学校法人です。

社会福祉法人も、定款の変更が認められるまで時間がかかります。

評議員の承認などもろもろの手続きがあるので、早めに準備を始めましょう。

幼稚園や学校法人が行う場合は、事前にかなり入念に打ち合わせや問い合わせをしておいたほうがいいでしょう。

学事課は、県庁のなかにあり、私立学校に関することを管轄しているところです。

質の高い運営を継続する

要件と書類が揃っていれば、基本的に誰でも開所できる

開業自体は、書類面の手続きのみですから、わからなければ事前に相談して何度もやりとりすれば申請可能です。

もし、それが手間だという場合、専門のサポート会社がたくさんあるので、行政書士にサポート依頼するのもひとつの手です。

わたしたちは、支援に集中したいという想いがあるので、必要であれば専門家のサポートを得るようにしています。

たとえば、報酬の計算や処遇改善加算はかなり複雑です。

また、手続きや申請には、慣れていないと何のためにこの書類をつくっているのかわから

なくなるような、難しい書式の書類も数多くあるのです。

こういったときは、行政書士の人に入ってもらえると心強いでしょう。

ときには力を借りよう

もちろん、丁寧に読み解いていくことが負担にならない人や、複数事業ではなくて、1箇所だけの開業であれば問題はありません。

ただ、いくつも大きな事業を手がけている場合は、自分たちだけで行っていくことは難しいので、頼れる場所があれば力を借りて、申請を進めていくほうがいいでしょう。

質の高い運営を継続するためには、開業後も行政書士と相談しながら運営していくとスムーズにいきます。

申請や請求業務などの煩雑さは、事業所の本質の部分から離れた内容です。

ですから、ここに煩わされて足を止めないようにしてください。

どの事業所の代表にも、想いが共有できる指導員の職員たちとともに、子どもたちにとって大切な運営をしていくことに注力してほしい、というのがわたしの想いです。

おわりに

保育園だけを運営していた頃に比べると、いま、わたしたち元気キッズはじつにさまざまな事業を行っています。

子どもたちのために、必然性を感じたからです。

社会には、より厳しい現実に向き合わざるを得ない障がいを抱えた人たちがいます。これは、保育だけを行っているときには見えなかったことでした。

見える世界が広がったことによって、やらなければいけないことが増えてきています。

これから保育園から児童発達支援に取り組む方は、ぜひ、児童発達支援だけでなく、その先にある相談支援事業や保育士等訪問支援事業などのいろいろなサービスにも目を向けてみてください。

障がいのない人たちが「当たり前」だと思っているところから、少しでもはみ出てしまっている人たちは、障がいのない人たちと同等に生活することや、障がいのない人たち向けのサービスに乗れないこともあります。

こういった現実に気づいた人は、ぜひ、自分たちで何かアクションしてほしいのです。

わたしたちにできるひとつの手段が、コミュニティづくりではないでしょうか。

居宅訪問型保育事業や居宅訪問型児童発達支援事業は、集団の場だけに感染リスクもあり、利用できない子もいます。そもそも、ベッドから起き上がることができない子たちもいるのです…。

自治体としては採択していないものもあるかもしれませんが、いろいろなサービスがあり、地域によって求められることも違います。

他者の事例や今回のわたしたちの話の内容などを参考に、ぜひ自分の思う「療育」の形に自由に取り組んでみてください。

わたしたちも、これからは、誰もが分け隔てなく当たり前に存在し、生活することができる社会（インクルーシブ）の実現を目指して、保育や療育、放課後等デイサービスのほかにも、地域の人たちが子どもたちの成長を支えてくれるような、オープンなしくみをつくっていきたいと考えています。

たとえば、一般の人が気軽に来て、居心地のよいサードプレイス的に利用するコミュニティづくりもいいですよね。

学童ではなくても、地域のシルバー世代の人たちや保育園の卒園生が遊びに来てくれて、自然に手伝ってくれる、地域で子育てを支え合えるようなコミュニティができたら理想的です。

理想を実現させるには、行政の協力や地域の人たちの理解も必要になります。

そのうえで、地域に根づいたコミュニティ、開かれた施設づくりを心がけていきたいものです。

子どもたちの支援に関わる人全員で、変化を起こしていきましょう。

「自分たちが変化を起こすんだ」

という想いを持つ人が増えたら、もっとできることがたくさんあるはずです。

ぜひ、その想いを自治体や地域の政治家や国に届けられるように、声を出していきましょう。事業所の運営も、現状に満足することなく、自由な発想を持ってトライしていくことが大切です。

「こうしたほうが絶対にいいよね」という前向きなエネルギーでアクションを起こしていけ

ば、もっともっと、素晴らしいことができるでしょう。

そうすれば、社会全体がいい方向へ変わっていくと信じています。


世の中には、事業所を運営するために必要な、素晴らしいサービスがたくさんあります。

いいサービスを積極的に使って、

「自分たちでその地域をよくする！」

という自負とともに、事業所を運営していただけたらと願っています。

２０２３年６月　中村敏也

本書でご紹介した、実際の運営に役立つ、個別支援計画・指導記録・サービスマナーチェック表などのプレゼントをご用意しました。

ダウンロードは、ＱＲコードを読み込んでいただくか、左記のＵＲＬにアクセスしてご登録ください。

https://mailchi.mp/shuhari/gl34qsqk9j

中村 敏也（なかむら・としや）
株式会社SHUHARI代表取締役
一般社団法人全国介護事業者連盟 福祉事業部会 役員
新座市子ども子育て会議委員
朝霞市自立支援協議会委員

1977年、埼玉県朝霞市生まれ。埼玉県立川越高校、明治大学経営学部卒業後、大手通販会社へ就職。従兄に子どもが生まれたことをきっかけに、「保育園に入りたくても入れない」という待機児童問題に驚き、保育学や児童発達支援について学ぶ。2004年9月、埼玉県志木市にて「保育園元気キッズ志木園」を開園。以後地域のニーズに対応しながら小規模保育事業、認可保育所、病児保育、学童保育、児童発達支援事業、保育所等訪問支援事業、相談支援事業を展開。2023年現在で、地域に根ざした福祉事業所を26施設運営している。

「日本教育新聞」「埼玉新聞」「保育雑誌月刊ひろば」など、多数のメディアで保育士の離職率の低さについて取り上げられる。「プレジデントオンライン」をはじめ、教育情報メディア「リセマム」にも記事やコラムを寄稿するほか、「コドモン」「保育博」地方自治体などから、インクルーシブな保育環境についての講演依頼を多数受ける。趣味はファミリーキャンプ、フットサル。古典からビジネス書、ライトノベルまで守備範囲の広い無類の読書好きでもある。著書に『保育・療育で地域オンリー1になる　保育園運営の教科書』『発達障がい、グレーゾーン…　発達が気になる子どもへの関わり方を教えてください！』（かざひの文庫）がある。

地域《ちいき》を変《か》える施設《しせつ》になる
児童発達支援《じどうはったつしえん》 実践《じっせん》の教科書《きょうかしょ》

中村敏也《なかむらとしや》著

2023年6月29日　初版発行

発行者　磐﨑文彰
発行所　株式会社かざひの文庫
〒110-0002　東京都台東区上野桜木2-16-21
電話／FAX 03(6322)3231
e-mail:company@kazahinobunko.com　http://www.kazahinobunko.com
発売元　太陽出版
〒113-0033　東京都文京区本郷3-43-8-101
電話03(3814)0471　FAX 03(3814)2366
e-mail:info@taiyoshuppan.net　http://www.taiyoshuppan.net

印刷・製本　シナノパブリッシングプレス
企画・構成・編集　星野友絵・大越寛子（silas consulting）
装丁　重原 隆
DTP　宮島和幸（KM-Factory）

ISBN978-4-86723-135-7